阪神・淡路大震災から
100学んだ

防災・復興に活かす知恵と心がまえ

村山　茂　著

KAIBUNDO

はじめに

阪神・淡路大震災は未曾有の大災害だった。「どんな地震だったのですか」と聞かれても、一口で言い表すことはできない。壊れた家や家具、避難所生活を余儀なくされ、知り合いに亡くなった人もいた。しかし、悲しみや苦労と同じ数だけ学んだことがあった。

地震の揺れは10秒あまりだったが、その瞬間から自然の驚異を学んだ。そして、ふだんはあまり気にかけていない、家の中にある物から学んだ。勤務先の学校が避難所になり、そこでいろいろな体験をし、さまざまな人に学んだ。復興へ向けての工夫や努力、人のやさしさを学んだ。さらに、震災を体験したことをきっかけに、地震以外の自然現象からもたくさんのことを学んだ。

阪神・淡路大震災以降、直下型だけを取り上げてみても、鳥取県西部地震、芸予地震、宮城県の北部で起きた地震、そして新潟県中越地震と、大きな地震が続いている。今後も、警戒が叫ばれている東海地震や東南海・南海地震だけでなく、いつどこで大地震が起きても不思議ではない。

だからこそ、震災で得た経験を忘れてはならない。そして次にやってくるであろう大地震への備えを、世代がかわっても引き継いでいかなければならない。

阪神・淡路大震災のことは忘れたいという気持ちも半分あった。しかし、1946年に起きた南海地震を経験した「土佐民話の会」主宰の市原麟一郎さんが、1970年ごろから教師の仕事のかたわら、南海地震を体験した100人あまりの人から聞き取り調査をして紙芝居を作り、「子どものころから自分の命を守る心がまえを身につけてほしい」という願いを込めて、小学校や幼稚園などを回っているという新聞記事を目にした。

私と同じ教師の仕事をしながら、立派な活動をされていることに感銘を受け、市原さんが南海地震で得た教訓を後世に引き継ぐならば、私は阪神・淡路大震災をと、執筆に踏み切った。

本書を執筆するにあたって、市原麟一郎さんをはじめ、「銀のスプーン」ペンクラブのみなさん、海文堂出版株式会社の岡田吉弘社長、編集部の岩本登志雄さん、そしてたくさんの方々にお世話になりました。心からお礼申し上げます。

目次

地震直後から避難所までに学んだこと

001

貴重な光

デジタル時計のライトに学んだこと

突然の、縦揺れと横揺れが合わさったような激しい揺れで目を覚ました。それからも揺れはおさまるどころか、ますます激しくなる感じだ。身体が飛んでいきそうなので、必死で布団や畳にしがみついた。次に、食器が落ちて割れる音がした。それを聞いて半分ぐらい我に返ったような気がする。その音を聞くまでは、地震のような気はするけれど、自分が知っていた地震とはかけ離れていたので、なにがなんだかわからなかった。揺れの最後のほうで「ドン、ドーン」という音がした。

揺れがおさまったとき、妻に「マンション、倒れなくてよかったね」と言ったのを覚えている。私は11階建てのマンションに住んでいるが、倒れても不思議ではないと思った。停電しているので真っ暗だ。カーテンを開けてみたが街灯も消えている。

とりあえず、寝ていた部屋はタンスも倒れることなく、子ども2人を含む一家4人は無事だった。すぐに、いつも目覚まし代わりに使っているトランジスタラジオのスイッチを入れた。NHK第一放送に合せると、まだ軽音楽が流れていたが、すぐに地震情報を伝えはじめた。震源地は淡路島北部だと聞いて、私の住んでいる伊丹でもこんな激しい揺れなのだから、震源地に近いところはこれ以上だと思うと、ため息が出た。

子どもがトイレに行きたいと言い出したけれど、そこへ行くまでどのような状態になっているか真っ暗でわからない。懐中電灯はあったが、電池が切れていて役に立たない。そこで、トランジスタラジオに付いているデジタル時計のバックライトをつけてみた。よく見えた。やはり、となりの部屋や廊下はガラスの破片が散乱していて、トイレに行くのもかなり危ない状況だった。

日の出までの1時間あまり、デジタル時計のライトがなくてはならないものになった。いつもはわずかな光だと思っていたが、そのときはまるで自動車のヘッドライトのように堂々としたものだった。真っ暗な中で、何でも照らして、すごい威力を発揮してくれた。

002 空が光った

発光現象に学んだこと

激しい揺れがおさまって、外の様子を見ようとカーテンを開けた。停電しているので何も見えない。おまけに私の家は武庫川沿いなので、川の対岸にある建物は離れすぎているし、そこも停電している。

しばらくして、空が光った。雷とは違うことはすぐにわかった。雷はピカッと鋭く光るが、その光はボーッとしていた。50回か100回か、はっきりとは覚えていないが、夜が明けるまで1時間あまりの間に30秒から1分間隔ぐらいで頻繁に光っていた。窓から見える方角は西で、ちょうど六甲山や神戸のほうにあたる。地震と関係があるのだろうと感じた。

神戸市灘区に住んでいた人も地震の直後、西の空に稲光のような閃光が走るのを見ている。私の場合は地震の激しい揺れで目を覚ましたので、地震の前の空は見ていなかったが、地震の直前に空が光っていたことを多くの人が目撃している。激しい揺れの最中に、青白い光が数回光るのを見た人もいる。また、濃尾地震や関東大震災など、過去の地震でも発光現象が見られた例が数多くあるという。

専門家は、岩石に力を加えると壊れるときに電磁波を出すことが、この現象になっているとの見方だ。くわしいことはよくわからないが、地震の直後にこの発光現象を初めて見たとき、驚きはなかった。それは、あんなに地面が揺れたのだったら空気も揺れているはずだから摩擦があり、雷と同じような光が生じるだろうと直感したからだ。

地震の被害を最小限に抑えるためにも、このような発光現象を見たとき、「地震が来る」とだれもが感じることができたらと思う。

003 電話が通じない

公衆電話に学んだこと

地震が起きてから30分ほどして、電話がかかってきた。同じ伊丹市に住んでいる友人からだった。ラジオでは震源地や各地の震度などは繰り返し伝えてくれているが、被害がどれぐらいなのかという情報はまだ入ってこないので、安否を気づかって電話をしてくれたのだ。友人のところも、タンスが倒れたりして物が散乱しているが、家そのものは大丈夫で、家族にもケガはないという。私の家も同じような状況だと伝えて、お互いに安心した。

友人からの電話を切ったあと、実家に電話をかけてみたが、「混雑してかかりにくくなっております」という案内が繰り返し流れるだけで、まったく通じない。そういえば以前、大きな災害があると安否の確認やお見舞いの電話が殺到して回線がパンクし、電話がかかりにくくなることがあると、テレビで見たことを思い出した。

友人が電話をかけてきたときは、まだパンク状態までは至っていなかったのだろう。地震の被害の大きさを伝える報道が増えていくにつれ、これからますますかかりにくくなるに違いない。念のため、さきほどかけてきた友人の家にも電話をかけてみたが、やはり通じなかった。

電話はもう当分だめだとあきらめていたら、しばらくしてかかってきた。西宮市北部のJR福知山線沿いに住んでいる姉からだった。姉の自宅は大丈夫だったが、家の電話が通じないので外の公衆電話からかけてみたら、やっと通じたという。

大きな災害になると、警察や消防などの緊急のための電話が優先されるのは当たり前だが、家にある電話よりも公衆電話のほうがかかりやすくなることは、そのとき初めて知った。

最近の電話機は留守電ほか、いろいろな機能がついて、とても便利だ。しかし当然のことだが電源がいるので、長いあいだ停電になるとお手上げだ。携帯電話も回線数や充電のことを考えると、災害時にどれだけ活躍してくれるかは、よく見えてこない。

004 タンスが倒れている

畳とじゅうたんに学んだこと

午前7時を回ったころ、ようやく空が明るくなってきた。地震が起きてからの1時間あまりが、どんなに長く感じられたか。明るくなって、寝ていたとなりの部屋のリビングを見てみると、2つあるタンスが両方とも倒れて、中の物が散乱していた。

家族が寝る部屋は、夏は風通しの良いリビングで、冬は比較的暖かい和室と決めている。地震が起きたのは冬だったので、畳が敷いてある和室で寝ていた。和室にもタンスが置いてあるが、畳にずれた跡はついていたものの、滑ったのが幸いしたようで倒れなかった。リビングはじゅうたんなので、滑らずに倒れてしまったのだろう。地震がもし夏に起こっていたら、リビングで寝ていたはずなので、もろに身体の上にタンスがのしかかっていたと思う。

あと2つ部屋がある。子ども部屋の本棚には百科事典（全35巻）が置いてある。その重い本棚がどういうわけか、かなり離れた場所に倒れていた。地震の力で飛んでしまったのだろう。

そのとなりの部屋はピアノのレッスン室になっており、いつもならグランドピアノとアップライトピアノの2台が置いてある。それがたまたまグランドピアノが古くなってきたため、1週間ほど前に弦の張り直しなど、浜松の工場でリニューアルしてもらっていたので、アップライトピアノが1台あっただけだった。

ピアノは移動しただけで倒れていなかった。他の本棚や机も無事だった。ただ、本棚の上に置いてあった人形ケースが落下し、ガラスの破片が散乱していた。ピアノの上に置いてあった置時計も落下して、針が5時46分を指したまま壊れてしまった。その他、タンスの上に置いてあったいろいろな物がほとんど落ちてしまった。

台所では食器棚が倒れ、中の食器やコップがほとんど割れてしまっていたし、洗面所の棚からもビンなどが落ちて壊れた。

寝ていた部屋以外は手のつけようがない状態になっていた。

005

台所は土足で

土間に学んだこと

家の中は、いろんな物が手のつけようがないぐらい散乱している状態で、いつもと同じように動き回るのはとても危険だ。

とくに台所は食器類が割れてしまって、かけらがたくさん落ちている。なかでもガラスの破片が刺さりでもしたらたいへんだ。家の中ではくスリッパぐらいでは、底に破片が突き刺さる恐れがある。そこで思い切って、外ではく草履と靴を台所に持ってきた。

家の中で外の履物をはくと、なんとなくぎこちない。実際はそんなに重くないのに、かなりの重量を感じる。床はタイル貼りなので汚れやキズにそう弱くはないが、やはり気になる。それでも、しばらくはいていると慣れてきて、破片を踏みながらも後片づけなどができるようになった。

中学生のころ、大分県の山沿いにある親戚の家に連れて行ってもらったとき、台所は土間になっていて、草履などをはいて調理しているのを見たことがある。もちろん下に物が散乱しているからではないが、畑で採れた野菜を運んでそのまま洗ったりできるので、そのほうが便利だ。

土足で台所の仕事をしていると、そのときのことを思い出した。足がしっかりと地についている感じもしてきて、これで料理ができたら野菜も力強く切れる気がした。

いまでも農家を中心に、台所は土間のところがある。少々水が飛び散っても平気で洗える。火も安心して使うことができる。

台所以外の部屋は、室内用のスリッパを必ずはくことにして、ケガをしないようにした。その他、冬でもあったので靴下をはき、薄めのものは2枚重ねて、防寒用と安全面でもプラスになるようにした。

倒れたタンスの高さが子どもの頭ぐらいになっていたので、下の子がその角で頭を打ってしまった。フードのついた上着も着ていたほうがいい。

006

ドアが開かない

近隣の人の親切に学んだこと

太陽が昇って、すっかり明るくなってきた。外の様子を見るために玄関のドアを開けようとしたが、まったく動かない。念のため、カギを何回か開けたり閉めたりして確かめたが同じことだ。いつもなら、たとえカギがかかっていても少しは動くのだが。11階建ての1階に住んでいるので、地震による上からの圧力ですき間がなくなってしまったのだろうと想像した。

外へ出るにはここしかない。しかし、ここから出ることができない。「もし火事が起きたら」と思うと不安になってきた。1階とはいえ、このマンションは武庫川沿いに建っているため、洪水対策で2階に近い高さになっている。しかも下はコンクリートなので、ベランダから飛び降りるとショックも大きい。

それでも、いざ脱出しなければならないことになれば、上層階の目もくらむような高さに比べれば、なんとでもなる。ロープは備えていないが、シーツをロープがわりにして下りていくこともできる。

しばらくすると、ドアの外で話し声が聞こえたので助けを求めた。中から私と妻の2人、そして外からも2、3人がかりで「いち、にの、さん」の掛け声で開けようとしたが動かない。あきらめかけたが、5回目ぐらいでようやく少し動き、10回目ぐらいでドアが開いた。助けてくれたのは同じマンションの人たちだった。何人かで救出や安全の確認をしてくれていたのだ。感謝の気持ちで一杯だ。

その人たちは、それからベランダ側に回って、非常用脱出口からの誘導をしていた。うちの場合はなんとかドアが開いたが、開かないところもあったので、ベランダの仕切りを破ってとなりへ行く方法や、下の階へ降りる方法を伝えていた。

余震が続く中、その人たちの活躍で、不安な気持ちから解放された人が多かったに違いない。

007

食べる物がない

少しのパンに学んだこと

午前6時30分にご飯が炊けるようにタイマーをセットしておいた電気炊飯器が台の上から落ち、電気のコードで宙吊りになっていた。本体とフタのすき間から水がこぼれ、おまけに停電だから役目を果たしていない。

台所は食器棚が倒れ、瀬戸物やガラスの破片が散乱しているが、とりあえず食べ物を探すことにした。冷蔵庫は動いただけで倒れなかったが、そのまま食べられる物はほとんど入っていなかった。飲み物も、夏は麦茶や清涼飲料水をある程度入れてあるが、冬だからそれもない。スナック菓子もふだんからあまり食べないし、家の向かいにディスカウントショップがあるので、買い置きはほとんどなかった。

結局いますぐ食べられる物は、6枚切りの食パンが1斤とチョコレートにラムネ菓子が少々、それに2リットル入りのミネラルウォーターがおよそ半分だけだった。朝食をとるような気分にはなれなかったが、いつもの朝食の時間をかなり過ぎているし、子どもはお腹が空いた様子なので、生活のリズムをこれ以上崩さないためにも食べておいたほうがよいと判断して、一家4人で食パン2枚とミネラルウォーターを分け合った。

食事をしている間にも絶え間なく余震が起きていたので、タンスなど倒れるものがない場所を選んだため狭い場所しかなく、コップが倒れないように、つねに左手で持ちながら短時間ですませた。

そのうちに電気が通った。冬だったので、停電中も冷蔵庫の中の温度はそれほど上がっていなかった。

向かいのディスカウントショップは開いていない。しかし、お店の前にある自動販売機は電気がきたので作動した。たくさんの人が買いに来て、長い列ができた。結局、冷たいコーヒーが2本買えただけだ。もう少し買おうと思えば買えたが、前に並んでいた人たちが大量には買わず譲ってくれた様子だったので、今度は後ろに並んでいる人にお返しをする番だ。あと2人というところで、すべて売り切れになった。しかし、買えた人がいくらか分けてあげていた。思わず目頭が熱くなった。

008 着る服がない

洗濯物に学んだこと

リビングがとても寒い。玄関のドアを協力してもらって開けることはできたが、ドアとその枠が地震の衝撃や上からの圧力などによって変形しており、きっちりと閉めることができず、すき間がかなりある。

それから、ベランダ側のガラス戸を見て驚いた。大きなガラス戸（引き戸）が開いているのだ。よく見ると、カギが壊れている。地震の大きな力のせいのようだ。閉めようとしたが、なかなか動かない。何回かやってようやく動いたが、元どおりになるはずもなく、これもかなりのすき間ができてしまった。

ベランダから玄関に向けて風が通るようになり、ますます部屋が寒くなってきた。また、各部屋をよく見ると壁にも数カ所の亀裂があり、そこからも風がスースーと入ってくる。

マンションは気密性がいいので、冬でも室温が15度を下回ったことはなかったが、温度計を見るとわずか6度しかない。

服に着替えないと、パジャマのままで居られる状態ではない。しかし、私と子どもの服はすべてリビングの倒れたタンスの中に入っている。なぜかというと、天気や気温によって当日に着る服を決めていたので、寝床には置いていなかったのだ。倒れたタンスの周辺には人形ケースの割れたガラスなどが散乱していて、それが服にも混じっており、危険で着ることができない。

そのうちに水道からの水の出が悪くなってきた。色も茶色く濁っている。窓から外を見ると、上階から水が漏れている。水道管が破裂したようだ。浴槽には水をためていない。あわてて水道の蛇口をひねったが、浴槽の底から3センチメートルぐらいのところで出なくなった。数回分のトイレの水として使用できるぐらいしかない。

洗濯機は多少動いていたが、倒れることもなく無事だった。その中に入れてあった前の日に着ていた服を着ることにした。冬だったこともあって、あまり汚れておらず、慣れている服を着ることができてほっとした。

009

自動車の屋根がへこんでいる

ひと安心できる場所に学んだこと

私が住んでいたマンションは、建物のまわりに分散して平面の駐車場がある。私の駐車スペースはベランダ側にあり、家のすぐ下ではないが、よく見えるところにある。

ベランダから自動車を見てみると、大きな損傷はないようだ。しかし、屋根が何カ所か小さくへこんでいる。そして屋根やフロントガラスには外壁のかけらや砂、そして小さな石が散乱している。砂や小石はおそらくベランダに置いてあった植木鉢のものだろう。

まわりには、植木鉢や支柱、そしてバケツやお皿なども落ちていた。

屋根が多少へこんでいるくらいなら、とりあえず支障はない。それよりも余震が続くなかで、これ以上この場所に置いておくと被害が拡大する恐れがあると思い、南側の広場へ移動させることにした。

ほとんどの人がそこへ移動していた。おおかたの自動車は、ほぼ無傷のように見えたが、中には大きく屋根がへこんで、ボンネットやフロントガラスにも大きな損傷を受けていて、運転するのは困難だと思われるものもあった。

しかし、少しぐらい壊れた自動車でも、中に乗っていると家にいるより安心感があった。家の中は倒れたタンスや食器棚に入っていた物が散乱しており、その破片で足の踏み場もない。また、倒れかかっている本棚は余震によっていつ倒れるかわからない。玄関やベランダの戸は開いたままなので、室温がどんどん下がってきている。またカギがかからないので防犯上の不安もあった。

地震のときは自動車では避難しないほうがいいと言われているが、広い場所でじっとしているときには安全なところだ。

010

ガスもれきけん　タバコばくはつ

とっさの危険表示に学んだこと

外に出てみると、ガスのにおいがしている。おそらくガス管がいたるところで破裂しているのだろう。いちおうガス会社へ電話してみたが、まったく通じない。爆発するのではという不安が頭をよぎった。

北のほうへ行っても、南のほうへ行っても、同じようにガス臭い。マンションの南側に広場があるので、とりあえずそこに避難することにした。相変わらずガスのにおいはしていたが、弱い風が吹いていたのと、すぐ横が武庫川だったので、安心感があった。ただし、真上を電線（高圧線）が通っているのが少し気になった。

午前中は広場で過ごしたが、その日に食べる物が確保できそうもないし、家の戸も閉まらないので、お昼過ぎには避難所へ行くことにした。連絡は取れなかったが、隣接する宝塚市にある勤務先の売布《めふ》小学校もおそらく避難所になっていることと思い、一家でそこへ向かった。

途中の宝塚市清荒神地区でも、ところどころでガスのにおいがした。道路がひび割れており、その付近はとくににおいがきつい。よく見ると、ダンボールの切れ端で作った立て札に、「ガスもれきけん　タバコばくはつ」とフェルトペンで書いてある。おそらく近くに住む人が立てたのだろう。「ガスが漏れているので、ここでタバコを吸うと爆発の危険がある」という意味だろうが、もちろんタバコだけではない。しかし、「火気厳禁」と書くよりインパクトが強い感じがした。

ガス漏れについては、他の地域でもかなり苦労されていたようだ。東灘区の六甲アイランドとその周辺地区の住民約8万人に避難・退避勧告が出たのが大きなニュースになっていた。『銀のスプーン21集』（銀のスプーン発行所）という本の中に、菅原いわおさんが「しんまい議員の初試練」で述べられているが、やはり地震後のガス漏れをどうするかに四苦八苦されている。ガス会社への電話は通じない。車にスピーカーを積んで「火気厳重注意」と言って回ったり、カレンダーの裏にフェルトペンで「火気使用禁止」と書いた貼り紙をして回ったということだ。

011

プールの水が減っていく

水の大切さに学んだこと

いつもはあまり気にしていないが、学校のプールには冬でも水がいっぱい入っている。周辺に火災が起きたときは、その水が役に立つ。プール清掃で水を抜くときは消防署に届ける必要があるぐらいだ。

昼すぎに学校に着いたときは、プールの水は3分の1ぐらいしかなかった。しかも、どんどん減り続けている。地震によって亀裂が入り、そこから水が漏れているようだ。そこで、プールの横にある石垣へ行ってみた。数カ所に亀裂が入っていて、そこからチョロチョロと水が流れているのを確認した。

断水しているので、せめてトイレの水だけでもプールのを使いたいところだ。水がなくならないうちに、なんとか他へ移す方法はないものだろうか。水はプールの底から3分の

1ぐらいのところにあるので、プールサイドからバケツを持って手を伸ばしても届かない。しかも、なお水は減る一方なので、水面はますます低くなっていく。石垣から流れている水は管のようなところから勢いよく出ているのなら取りやすいが、石垣に沿ってチョロチョロと流れているので取りにくい。しかも、校舎から少し離れている。

結局、プールの水を他の場所に貯めておくことはあきらめ、バケツの取っ手にひもをつけて、必要があるたびに汲み出すことにした。バケツを5個ぐらい用意して水を満タンにしておき、なくなったら補充する。

水があるうちは、トイレを使用した後にその水で流したり、手を洗ったりした。それが夕方になると、水はプールの底から10センチメートルぐらいになり、バケツで汲み出すのも容易ではない。そのうちにバケツでは汲み出せなくなり、ひしゃくを使ってバケツに移した。柄の長いひしゃくがなかったので、一人が長靴をはいてプールの中に入り、残り少なくなった水を汲んで、プールサイドにいるもう一人に渡した。

そんな作業も1時間足らずでできなくなった。ついに水がなくなってしまったのだ。

みんなからため息がもれた。

012 バケツ500杯分の水

給水タンクに学んだこと

夕方になって、直径が約1.5メートル、高さ2メートルぐらいの給水タンクが避難所に運び込まれた。それからしばらくして給水車が到着。タンクに水を移すことになったが、給水車には大きな蛇口がついているだけで、ホースはない。タンクの取水口は上にあるので、とても届かない。

結局、避難している人が交替しながらバケツでタンクに水を入れることになった。朝会のときに使っている台をタンクの横に持ってきて、まず給水車の蛇口からバケツに水を入れ、それを朝会台の上に乗せ、そこにいる人がタンクに水を入れる。

最初はバケツ1個で2人がリレーをして入れていったが、やっているうちに慣れてきたのでバケツを2個に増やし、人も2組つまり4人でやった。そうすると、いちいち蛇口をしめることもなく、どんどん水が入っていった。バケツ500杯ぐらいで満タンになった。私も蛇口から朝会台まで渡す作業をしてみたが、水の重さをあらためて感じ、手にマメができた。また、やっとの思いで満タンにしたタンクを見ていると、水の重さはただ重量だけではないように感じた。

水は、さっそく手洗いやトイレに使われていった。避難している人が多いので、あくる日の朝には、タンクの水は3分の1ぐらいまで減っていた。節水を呼びかけた。なんとか次の給水車が来る夕方までもった。

給水車がまた来てくれた。またバケツを用意しようと思っていたが、今度は消防車のようなホースが備え付けられていたので、タンクの取水口にホースの先を持ってくるだけですんだ。前日の労力に比べると、雲泥の差だった。みんな疲れがかなり出ていただけに、ほっとした表情だった。

それでも、タンクからトイレや手洗い場まではバケツなどで運ばなければならない。まだまだ不便な生活だ。しかし、そのタンクにバケツで水を入れた人にとっては、なんでもないことだ。

013 一杯の茶碗蒸し

救援物資に学んだこと

地震当日の夜になってようやく、避難している人にパンと牛乳が配給された。一人につき1個と1本だけだ。配給用の車両が到着すると、校長が一人ずつ手渡しで配っていった。袋もなにもないので、みんな持ちにくそうにしていた。それでも家族3人分を一度に抱えている人もいた。ふだんスーパーなどで買うパンはビニール袋の中に入っていて、さらにお店の袋に入れてもらえるので、パンそのものをそのまま手で受け渡ししているのを見るのは初めてだ。しかし、ほとんどの人は食べ物の感触に、ほっとしている様子だった。

あくる日、北陸や山陰方面から「非常用」と書かれた飲料水が届き、飲み水が確保できた。その後、プラスチック容器に入れられた茶碗蒸しも同じ方面から送られてきた。もちろん温めることはできないが、久しぶりに食事にありつけたという感じだった。送られてきた数は避難している人の数に比べるとかなり少なかったので、一杯の茶碗蒸しをあちらこちらで家族で分け合って食べていた。その情景は、実際は冷えている茶碗蒸しに温かさを感じさせた。

救援物資は、最初のうちは数が少なかった。「神戸のほうにはもっと早くから救援物資が届いているのに、こちらはなかなか回ってこない」などと、ぼやく声も聞かれた。たしかに避難所によってかなりの差があるようだ。しかし、避難所の数さえ正確にはわかっていなかったのだから、しかたがないと思った。

何日か経つと、救援物資の数も増えてきた。ある大手食品メーカーは100万食のカップ麺を用意してくれたので、こちらの避難所でもやっと貯めておける食料品を手にすることができた。

さらに数日が経過すると、加工品を中心とした食料品、そしてトランジスタラジオなどの生活物資も送られてきた。

物資は増え、量的には困らなくなった。だが、あの一杯の茶碗蒸しを家族で分け合って食べた満足感は、いまでも忘れられない。

014

使用したトイレットペーパーはビニール袋へ

水洗トイレに学んだこと

学校はトイレの多いところだから、ふだんは用を足すのにそんなには苦労しない。しかし、水洗トイレなので水が出ないとお手上げだ。

給水が限られているため、避難所になっている学校でのトイレの使い方は次のように考えられた。トイレは体育館に隣接したところと、外にある1カ所だけを使用する。水で流すのは便だけにする。使ったトイレットペーパーはトイレ内に用意した大きなビニール袋に入れるというものだ。

用を足す前に、トイレから数十メートル離れている給水タンクからバケツで水を汲んでこなくてはならない。できるだけ水を節約するため、小用の場合は2、3回に1回だけ水を流すようにしてもらった。つまり、便器にたまっている水の色を見て判断するのだ。

避難している人が多いのにトイレは2カ所しか使えないため、朝は行列ができる。トイレは効率よく使用しなければならない。トイレットペーパーをビニール袋へ入れると時間はかかってしまうが、やむをえない。これらのことは、貼り紙をして呼びかけただけだが、ほとんどの人が協力してくれた。

私もビニール袋の交換に何回か足を運んだ。最初のうちは入っている使用済みトイレットペーパーの量は少なかった。また、使い方に慣れていないせいか袋が汚れていることもあり、なんともいえない臭いが漂っていた。しかし、避難している人の間で話し合ったりして意識が高まり、日増しに徹底されるようになった。ビニール袋に入っているトイレットペーパーの量が多くなっていったが、その割にはうまく入れてあるので袋も汚れておらず、案外かさばらない。

神戸のある避難所では、トイレが不足どころではなかったので、四角いマンホールのふたを取ったようなところに簡単な囲いをして、トイレの代わりにしたという話を聞いた。しかも、それでも間に合わないので2人が一緒に入り、背中合わせで用を足したらしい。

015 震度を当てる

余震の恐怖に学んだこと

本震が起きてから1週間ぐらいは、頻繁に余震があった。しばらくは余震にも恐怖を感じた。

体に感じる地震が起きるとテレビがすぐに震度をテロップで流してくれるが、2、3日たつと、余震の震度がどれぐらいか、自分でもわかるようになった。

避難所では、余震があると、「いまのは、ちょっとどきっとした。震度3かな」とか「いまのは感じない人もいると思うから1やな」などと、避難している人どうしが会話する回数も増えていった。

たとえ小さな余震でも、そのたびに「どきっ」として、本震のことが思い出され、おさまったら「ほっ」とする。このような会話を交わすことによって、「大きな余震でなくてよかった」ということをお互いに確認しあい、不安な気持ちをみんなで支えあっていくことができた。

地震は非情だ。大きな揺れで建物が倒壊し、地割れが起き、それだけで恐怖のどん底なのに、余震が容赦なく襲ってくる。いいかげんにしてほしい。

それでも、めげてはいられない。それまでの余震から、次はいつ、どれくらいの震度の余震が来るかを冷静に予想して、避難所から家に帰るタイミングを計っている人もいた。

阪神・淡路大震災では、本震は強烈で、震度7の地域も広かったが、余震は震度4が最高で、回数もそれほどではなかった。しかし、新潟県中越地震では余震でも震度6強を記録、回数も多かった。余震への恐怖は、よりいっそう大きかったことだろう。

不幸中の幸いに学んだこと

016 5時46分という時刻

地震が起きた時刻に学んだこと

多数の死傷者を出し、多くの建物が壊れた阪神・淡路大震災だが、地震が起きた時刻が午前5時46分だったことは不幸中の幸いと言えるかもしれない。

もちろん、その時刻にはほとんどの人が寝ていたので、倒れたタンスなどをよけられなかったり、まだ暗かったため壊れた建物の中から人を助けるのもスムーズに行かず、手遅れになったケースもある。もっと違う時刻だったらよかったのに、と思っている人も多いだろう。

地震はいつ起きるかわからない。通勤・通学の時間帯や、多くの家庭で火を使っているときに起きるかもしれない。

新幹線が動いている時間はおよそ午前6時から午前0時まで。つまり、動いていないのは午前0時から6時までの6時間だけで、一日のうち4分の3は高速で新幹線が走っていることになる。5時46分は、ぎりぎりで4分の1に入った。新幹線の高架が8カ所も落下したが、電車は走っていなかった。もし、時速200キロを超えるスピードで走っていたらと思うと背筋が寒くなる。

新幹線以外の鉄道も大きな被害を受けた。JRは24時間列車が走っているので、8カ所で脱線した。私鉄も始発電車が走った後だったので、脱線車両があった。しかし、その時刻にはまだすいていたため、けが人はほとんどいなかった。ラッシュの時間帯だったらどうなっていただろうか。

震災後、鉄道や高速道路は補強されて、同じ程度の地震ならば壊れないという。新幹線は「ユレダス」で大きな揺れが起きる前に電車を止められるらしい。期待したい。

017

1月17日という日

地震が起きた季節に学んだこと

1月17日という日は、まさに寒の真っ最中であり、建物の崩壊などで避難を余儀なくされた人たちにとっては、寒さとの戦いだった。一部の避難所では空調が完備しており、快適な室温が保たれていたが、ほとんどの避難所では空調どころかストーブも足りなかった。ガスや電気が不通のままなので、石油ストーブだけが頼りだ。ただし、電気と組み合わせている製品は、停電なら役に立たない。昔ながらのアラジンタイプが活躍した。

多くの避難所が学校の体育館のようなところである。だだっ広くて、しかも天井がとてつもなく高いので、なかなか暖まらない。すきま風もあり、この時季の寒さはかなり身体に応えた。

しかし、寒い季節だからこそ良かったこともある。地震が起きた直後、私は子どもと一緒にふとんをかぶり、落ちてくるものに備えた。もしもこれが夏だったら、上ぶとんはなくて、バスタオルなどをおなかにかけているだけなので、無防備な状態だ。冬ぶとんでかなりショックが吸収されて助かった。

地震で揺れている瞬間だけではない。閉じ込められている人の救出や安全点検など、外に出ての作業が続いた。寒いのでフードのついたオーバーを着ていたが、それがガレキの破片が頭や身体に落ちてきてケガをするところを救ってくれた。

夏に地震が起きるとどうなるか。そのことも十分に頭の中に入れておく必要がある。

水着姿で夏スキーを楽しんでいる写真を見たことがある。しかし、まねはしないほうがよいだろう。スキーウエアは寒さをしのぐだけでなく、ケガを防ぐ重要な役目も果たしているのだ。

018

煙が真っすぐ昇っていく

季節風に学んだこと

やはり地震の最大の恐怖は火災だった。神戸市長田区は広い範囲で火災になった。写真でしか見たことがなかった関東大震災や東京大空襲の後のような、まさしく焼け野原になってしまった。黒焦げになった家の残骸、曲がってしまった鉄の棒やトタン板、粉々に砕けた瓦、窓ガラスやタイヤは溶けてなくなり車体が高温で変形してしまった自動車など、信じがたい光景だ。

そんな中、テレビの映像を見て、火災による煙がほぼ真っすぐに昇っていくのが印象的だった。真冬のこの時季には「六甲おろし」と呼ばれるように、冬型の気圧配置による季節風が強くなっている場合が多い。しかも、山を越えてくるので乾燥している。

地震が起きる前日ぐらいまで、冬型の気圧配置で季節風も強かった。14日（第2土曜日)、15日(日曜日で成人の日)、そして16日(振替休日)と3日間学校が休みだったので、兵庫県中部に位置している篠山の親戚の家に出かけていた。そこから少し山沿いに行ったところは雪が降っていて、かなり積もっており、子どもたちと雪だるまを作って遊んだのを記憶している。

それが17日には冬型が緩んで季節風もおさまってきた。ただし、前日までの寒気が残っているのと晴れていたので冷え込みはかなりきつく、とくに5時46分の寒さは身にしみた。長田区の火災は地震の怖さをあらためて教えてくれた。しかし、もしも季節風の強いときに大地震が起きたら、そして昼食や夕食の準備中だったら、さらなる大火災になっていたに違いない。

避難所は学校や公民館など、ほとんどが町の中にあり、大火災になったら心配だ。最近は河川敷の整備が進んで、ふだんは公園になっているが、火災のことを考えると、地震時の一時避難所として大きな役割を果たすのではないだろうか。

019 津波はなかった？

津波の可能性に学んだこと

私の家は海岸から約10キロの距離がある。しかし、一級河川の武庫川沿いに建っているので、あんなに強い地震でもし津波が起きたら、川を逆流して大きな波が押し寄せてくるような気がした。

ラジオの地震速報で、津波の恐れがないという情報を流してくれたのでほっとした。家の中がぐしゃぐしゃだし、玄関のドアも開かない。地震の被害だけでも相当なものだ。そのうえに津波まで来ようものなら、泣きっ面に蜂どころの騒ぎではない。

地震が起きたら津波を警戒しなければならないのは、だれでもわかっている。しかし、地震で物が壊れたり、火事になることもある。そんなすさまじい状況の中で、さらに津波に備えて高台に避難するのは、並大抵のことではないと実感した。

関東大震災では多くの人が亡くなったが、火事のインパクトが強すぎて、津波があったことはあまり知られていない。しかし、相模湾沿岸では高さ2～12メートルの大津波によってかなりの被害が出ている。

関東大震災はプレート型の地震だったので、地震の規模を示すマグニチュードも7.9と大きく、津波も発生したが、阪神・淡路大震災は直下型でマグニチュード7.3、気象庁は津波なしと発表した。

しかし、国土地理院が、震源から60キロ離れた和歌山県海南市の検潮所で潮位の変化を観測して、「津波とみられる」と地震予知連絡会で発表している。また、付近の複数の住人も、いつもの海面とは様子が違うことに気づいていた。専門家は、地震の規模やメカニズムから、神戸市付近で20センチメートル程度の津波が起きていた可能性もあると指摘している。

いずれにしても、津波としての被害は報告されていない。せめてもの救いであった。

学校に学んだこと

020 ブロック塀の上をひょいひょい

安全点検マップに学んだこと

売布小学校周辺は、北側の新興住宅街を除いて、かなりの被害を受けた。歩道橋の片側が外れて地面に落ちていたり、マンション1階の駐車場部分がつぶれていたり、文化住宅の1階がぺしゃんこになって2階部分が1階になっていたり、1階と2階が両方とも完全につぶれて何階建てかわからない状態になっているものもあった。

そんな中で児童が安全に登校することができるか、職員が手分けをして校区を回り、白地図に危険箇所を書き入れていくことになった。地震当日から、学校に来ることができた職員が学校の近くから道路の状況を中心に調査していった。ほとんど被害がなくて今後も安全に通行できそうなところには○印を、いまは通行できるが建物や塀が倒れてくる恐れがあるところには「注」印を、通行できないところには×印をつけていき、注意事項も記した。

私が担当した地区は、狭い道が入り組んでいるところで、しかも比較的古い家が多い。調査を始めてしばらくして、児童2人に出会った。2人とも元気そうで、調査に協力してくれた。

彼らの家の向かいにある大きな家の、庭を囲む古いブロック塀が道路に倒れていた。塀の高さと道路の幅が同じぐらいで、まるで石畳のようになっていた。×印をつけようとしたが、そこを2人は慣れた様子でひょいひょいと小走りに進んでいく。最初は危ないと思ったが、そこを通らないと彼らは家へ帰ることができないし、ブロック塀は完全に横倒しになっているので、塀の穴のところや端以外は比較的安全だと気づいた。

そこから200メートルぐらい離れたところで、同じようなブロック塀が道路側に30度ぐらい傾いていた。これは危険だ。すぐにマップに印を入れた。子どもたちもよくわかっていたが、あらためて注意を促した。地元の人は、「地震直後よりも傾きが大きくなっている」と教えてくれた。

021 お風呂に入ろう
「どうしても自宅で」に学んだこと

家は住める状態のところでも、電気・ガス・水道のライフラインが長い間ストップしたため、不自由な生活が続いた。なかでもガスは復旧まで時間がかかった。しかし、復旧に向けた全力の取り組みが行われていた。阪神地方は大阪ガスの管轄だが、全国各地から工事のために来てくれている、いろいろなガス会社の車を見た。

一日でも早く各家庭にガスを送ってあげたいという様子が伝わってきて、不自由な生活の中でも、自分たちでできることを考えよう、協力していこうという気持ちになった。

当時、小学校2年生の児童の作文に、「ひさしぶりに家のお風呂に入ってとてもさっぱりした」と書いてあった。しかし、水道と電気は来ているが、ガスはまだ来ていないはずだ。

お風呂に入れる場所は少なかった。宝塚では市役所の近くの武庫川河川敷にかなりの規模の仮設浴場を作ったり、学校のような大きな避難所でも、ある程度の仮設浴場を開放していた。また、民間の浴場も割安料金で入らせてくれた。しかし、収容人員が限られているため、寒い中で長いあいだ待たなければならない。それでも数日に一回はお風呂に入らなければやっていられない。何日もそのままだと、シャンプーで髪を洗っても泡がたたなくなってしまう。避難所での会話も、「3回ぐらい頭を洗ったら、やっと泡がたってきて、ほっとした」という具合だ。

さて作文の続きだが、お父さんがどうしても家でお風呂に入りたいと考えた結果、石油ストーブで大きななべに何度も湯を沸かし、それをお風呂に運ぶことにした。運んでいる間はお風呂にふたをして、できるだけ冷めないようにする。

底から30センチぐらいの量しかないので、家族4人が2人ずつ入る。できるだけお湯が動かないように、入っているときはじっとしている。洗うのは顔ぐらいにしておく。それでも大満足のようで、作文からそのことが伝わってくる。

「狭いながらも楽しいわが家」かもしれない。

022

別れあり、出会いあり

転校生に学んだこと

売布地域は、売布小学校あたりを境目に、北と南で被害の程度がかなり違っていた。地震の翌日から、クラスの児童の安否を確かめるため、一軒一軒、歩いて回った。校区の南側はかなりのダメージを受けていた。家の原形をとどめていないところが多い。児童の犠牲者は幸い売布小学校にはなかったが、住める状態でない家が多く、電気やガスなどのライフラインが止まっているため生活が困難になり、転校してしまった児童もかなりの数だった。

普通なら、転校する児童にはクラスでお別れ会を開いて、当日はお別れのあいさつをする。児童の中には、転校の日が近づくとさみしそうな様子をして、当日は泣きだす子もいた。逆に、お別れ会の出しもので盛り上がって、笑いながらのお別れになることもある。

しかし、このような大震災では、お別れ会もあいさつもできないまま転校していった児童が大半だ。

受け持っていたクラスでも、顔を見ないまま転校してしまった児童が3人いた。そのうち2人は家の修理が済んだ数カ月後に戻ってきたが、1人は引っ越したままになった。その児童の荷物がいくつか残っていたので、送ろうかとも思ったが、その子の描いた絵や作文を見ていると、どうしても顔が見たくなり、数カ月後に訪ねた。当たり前だと笑われるかもしれないが、その子は震災前と同じ顔をしていた。ほっとした。

売布小学校には、神戸や芦屋、西宮方面から転入してきた児童もかなりいた。校区の北側地区を中心に、比較的被害が少なかったところへ、親戚や知人を頼ってきたのである。受け持っていたクラスにも2人入ってきた。さすがに子どもは慣れるのが早いので、すぐにクラスに溶け込んでいった。震災はさまざまな不公平を生んだが、転校した児童の表情までは沈まなかった。

023

冷凍パイナップルなんてやめてよ

簡易給食に学んだこと

地震から1カ月ほどたってから給食が再開された。ただし、給食を作る調理室もダメージを受けた学校が多かったので、調理しなくてもいい簡易給食だった。最初の日は、パンと牛乳だけだった。それでも子どもたちは久しぶりで懐かしがっていた。そして、みんなで食べられるところまで学校が回復してきたのを感じている様子が伝わってきた。

数日たつとプリンやゼリーが加わり、子どもたちが好きなソーセージやチーズも出てきた。こうなってくると、かなりのボリュームだ。再開直後は給食当番も手持ちぶさたのようだったが、それぞれの当番の仕事もほぼできるようになって、満足している表情だった。りんご、みかん、バナナなどの果物が登場すると、いっそう完全給食に近い形になった。

しかし、日がたってくると給食のメニューを考える人もたいへんだ。同じようなものばかりだと飽きられてしまうし、栄養も偏ってしまう。できるだけたくさんの種類を食べさせてあげたいという願いもあってか、冷えているものも増えてきた。メニューに冷凍パイナップルと書かれているのを見たとき、年配の先生が思わず「やめてよ、ふるえるわ」と、悲鳴に近い声をあげた。子どもたちはおいしそうに食べていたが、それでも「冷たい」「舌がしびれる」などと、叫び声をあげていた。

数カ月して各学校の調理室の修理も終わり、元の給食に戻った。温かいみそ汁やカレーの味は格別だった。震災前は給食の温かさをあまり気にしていなかったが、簡易給食の冷たさを味わってからは十分に感じるようになった。

簡易給食はみんなに食べ物の大切さを教えてくれた。非常食の値打ちも、子どもたちは学ぶことができた。

024 映像で伝えたい

ビデオクラブに学んだこと

学校での私の担当が視聴覚だったので、地震の翌日から避難所や学校周辺の様子をビデオで撮影した。クラブ活動ではビデオクラブを受け持っていた。クラブの3学期の予定はおおまかには決まっていたが、何人かの子どもたちから「震災のことを撮って、残しておきたい」という積極的な意見が出て、それにみんなも賛成した。

タイトルは「地震で学んだこと」として、被害の様子をいろいろな角度から伝えると同時に、地震への備えはどうしたらいいかなど、今後の防災について子どもたちが考えて訴えていく内容にした。

ビデオクラブが撮影を開始したのは2月の上旬からで、避難している人はかなり減ってきていた。しかし、周辺はまだまだ手がつけられていないところが多く、撮影する場所を絞り込む作業から始まった。

中国自動車道にかかる陸橋の上から撮影してみた。自動車はスムーズに流れている。しかし、下に降りてみると、そこは公園なのだが、橋脚が傾いたためその代わりになる台をたくさん入れてあるので、立入禁止になっていた。つぎに、近くの大きな公園に行ってみると、そこには仮設住宅がぎっしりと建てられていた。ここにも遊ぶ場所はほとんどない。アナウンサー役の部員も、ことばに詰まった。復興へ向けた工事がいたるところで始まっているので、粉塵が多く、大型車の行き来も激しくなっている。

ビデオカメラは、ほっとする場面も見逃さなかった。近所の人たちが避難所にいる人のために七輪で作ったカレーライスを配っている光景や、それをおいしそうに食べている様子、ボランティアの人が避難している年配の人と話をしているほほえましい様子を克明に捉えている。

このとき製作したビデオの一部は、NHKの震災特集番組でも取り上げられた。子どもたちが撮った自然な流れがあってよかった。

025 卒園写真が2枚

篠山の幼稚園に学んだこと

妻の実家は兵庫県の中部、篠山にある。震源地からかなり離れているので、大きな被害は報告されていない。そこに約2カ月間、避難させてもらった。大きな被害はなかったとはいえ、壁土が落ちたり、室内の物が落ちたり、電気製品が壊れるなど、けっこうダメージを受けていた。にもかかわらず、阪神地方の被害の大きさを知って、すぐに避難してくるように勧めてくれたのだ。

上の子は幼稚園の年長で、あと2カ月ほどで卒園の予定だったが、篠山の幼稚園に通わせてもらうことになった。園児たちも、先生も、そして近所の人たちも、みんな親切にしてくれた。制服も近所の人が貸してくれた。色鉛筆やクレヨンなどの学用品もいただいた。

その幼稚園には震災のため、阪神地方から私の子どもを含めて3人の園児がきていた。

地元のテレビ局が、学校や幼稚園をかわった子どもたちがみんなと元気に学習し、生活している様子を放送してくれた。3人の園児たちもみんなと打ち解けているようで、ほのぼのとした雰囲気が伝わってきた。

卒園の1週間ぐらい前になって、伊丹のマンションに戻ることが決まった。子どもにとっては、せっかく慣れてきたころに、また幼稚園をかわるのはつらかったかもしれない。しかし、マンションの補修工事の進み具合や、卒園後の小学校生活のことを考えると、しかたがなかった。

結局、伊丹の幼稚園で卒園を迎え、卒園証書と卒業写真をいただいた。そして、篠山の幼稚園からも2月に撮影された卒園写真をいただいた。卒園写真が2枚になったわけだ。

026 6432本のうちの1本

昆陽池公園のろうそくに学んだこと

伊丹市に昆陽池《こやいけ》公園という広い公園があり、毎年1月17日には、阪神・淡路大震災で亡くなられた方の数だけ、ろうそくに火をつけて慰霊をする。ただろうそくに火をつけるだけではなく、ボランティアの方々が小学校などに呼びかけて、ろうそくに字や絵をかいてもらう。

宝塚市の小学校も、それに参加させてもらっている。30センチぐらいある大きなろうそくだ。私が2001年度に受け持った1年生にも、ろうそくにかいてもらった。大震災の日に生まれた子どもがいる学年で、もちろん震災の記憶はない。しかし、震災を知らない子どもはいない。

防災意識を低下させないためにも、震災を経験していない子どもたちに受け継いでいかなければならない。そのためには、経験者がただ語るだけではなく、子どもたち自身が震災行事になんらかのかたちで参加するのが良い方法だ。

ろうそくを児童一人一人に渡す前に、震災のときの話をする。真剣に話を聞いている児童たちは、震災のときのたいへんな状況を目に浮かべたり、亡くなられた人のことを思っているようだ。反対に、興味がほとんどないのか、あまり話を聞いていない児童もいる。

ろうそくに字や絵をかいてもらうときは、あまり細かい指示はしない。大きいろうそくとはいえ、やはり細く、曲面で、しかもつるつるしたところにクレヨンなどでかくのは、なかなかむずかしい。

それでもある児童は、「天国では揺れませんね。ゆっくり眠ってください」という言葉と、お花をいっぱいかいた。ある児童は、たくさんの色できれいな模様をかいた。またある児童は、めんどくさそうに、白いろうそくを黄色く塗っただけだった。

昆陽池公園のことはテレビでも紹介される。黄色いろうそくの児童も、自分のろうそくを真剣に探していた。それがきっかけになってくれればいい。

027

地震のショックで陣痛が始まった

1月17日生まれに学んだこと

阪神・淡路大震災から6年が経過した2001年度に、1年生の担任になった。震災前後に生まれた子どもたちが入学してくるのである。私の受け持った28人の中に、1月17日生まれの女子児童がいた。母親に話を聞いてみた。

「豊中に住んでいて、予定日はもう少し先でしたが、地震の激しい揺れがおさまったときから陣痛が始まりました」。

豊中は、神戸から西宮・伊丹・川西と、被害が北東方向に広がった延長線上にあるので、大きな揺れが起きたに違いない。その母親の住んでいたところは、ブロック塀が倒れるなど、とくに被害が大きかったらしい。

出産のため病院に向かった。余震が来るたびに不安な気持ちになった。行きつけの病院内は、さすがにいつもの雰囲気ではなかった。しかし混乱状態にまでは至っておらず、夜になって無事出産した。

ただでさえ出産はたいへんである。余震が続く中、いつ停電になるかわからない。「また大きな揺れが襲ってくるのでは」という恐怖感は、経験した人でないとわからない。出産後も、赤ちゃんと一緒に退院するまでは安心できない。しかし、生まれた赤ちゃんの顔を見ているうちに、怖いものはなくなったという。

震災の日に生まれたということで話題になった。マスコミのインタビューのなかで、母親は話している。

「この子は偶然に震災の日に生まれてきたのではないような気がします。震災の日には、いつもの何倍もの人にお世話になりました。この子がまた、その何倍も、みんなのために何かお返しができたらと思っています」。

028

紙皿の上に赤飯が

ふたたび、1月17日生まれに学んだこと

2003年度に3年生の担任になったときも、震災の日に生まれた男子児童の名前があった。

母親は宝塚市内のアパートに住んでいた。地震が襲ったときは、ドンという感じで体が浮き上がった。布団にくるまり、おなかを守った。隣にある実家は半壊した。公園に一時避難した後、病院へ急いだ。余震のたびにおなかの赤ちゃんが動いた。午後4時40分に無事出産。十分なお湯がなく、産湯をあきらめてタオルで体をふいた。

病院での夕食、紙皿の上に赤飯が添えられていた。「こんな日でも祝ってくれるなんて」と、小豆の一粒一粒をかみしめた。その味は一生忘れないという。

半壊した実家は半年後に再建され、9人の大家族になった。父親は「絆を深めて、みん

なで助け合っていきます」と話す。

生まれた赤ちゃんには、地震にも負けずに長生きしてほしいとの願いを込めて、いくつか考えた中から、最も力強い名前が付けられた。3年生になった彼には、力強さと同じくらいのやさしさを感じる。紙皿の上に赤飯を置いてくれた病院の方々のやさしさが、いつまでたっても伝わっているのだろう。

震災の年に生まれた子どもたちは、もちろん震災のことを覚えていない。しかし、復興や安全防災を担当していた先生に話を聞いてみると、心のケアを必要とする児童がいるという。また、それほどではなくても、生活の様子をていねいに見守っていく必要がある児童もけっこう多い。震災後の環境の変化が、家族を通して影響しているのかもしれない。

紙皿の上の赤飯のように、震災直後の混乱のなかで感じた心のぬくもりを、いろいろな人から聞かせてもらい、たくさんの子どもたちに話していきたいと思う。

メディアに学んだこと

029 地震直前からの映像が流れた

NHKテレビに学んだこと

ＮＨＫ神戸放送局が、地震のときの映像を何回か放送した。あれほどの激しい揺れを見たのは、だれもが初めてだったに違いない。地震が起きる少し前からの映像が流れ、停電になって明かりが消えても、カメラは作動していた。

まるで、機械でわざと揺らしているような感じだった。以前、地震を体験できる施設で試してみたことがあったが、いちばん激しい震度７相当の揺れでも、あれほどではなかった。

本震のときの数秒間の映像が繰り返し放送されたが、一度だけ、その後の様子が流された。カメラに写っている職員は、激しい揺れの間は動くに動けず、ふとんの中で身の安全を確保する以外はどうすることもできない。揺れがおさまると、すぐに起き上がって電話をかけようとするが、なかなか通じない。放送されたのはここまでだった。しかし、その後も彼がなんとか気象台に連絡しようと、余震の起きる中、30分ぐらい必死に努力している映像が残っているという。

コンビニの防犯カメラも、店内の生々しい様子をとらえていた。陳列してあった商品が飛び散り、買い物かごを乗せるカートが勝手に走りだしている。音もすさまじい。お客さんも店員さんも、何が起きたのかという表情で、陳列棚を見ている。しかし、すぐに画面が乱れはじめ、停電になったのか、カメラが壊れたのか、映像はストップしてしまった。

大きい地震が起きれば、テレビ局はそのときの映像を流してくれる。海の近くには、津波情報に役立てるための固定カメラが設置されているらしいが、いつまでも静かな海を映し続けていてほしいものだ。

030

落ち着いてテレビが見られるように

コマーシャルの自粛に学んだこと

地震のあと、しばらくはどの放送局も地震に関する特別番組を流していた。そして、被害の大きさを考慮してか、コマーシャルは一切なかった。これはたいへんありがたかった。被災地の人々は大きな不安を感じている。最新の情報をどんどん流してほしいと願っているのだ。コマーシャルを見ている余裕など、まったくない。「定価2万円のブランド品、それを9800円で販売します」とか、「海外旅行を考えているあなたに、とってもお得な情報があります」など、いつもなら興味がなくてもそれほど気にならないものでも、地震の後では違う。

行方不明の人の所在が知りたい。避難所がどこにあるのか知りたい。自分が元気でいることを知らせたい。救援物資がいつ来るか知りたい。今後も大きな地震がやって来るのか来ないのかが知りたい。鉄道や道路がどんな状態になっているのか知りたい。どれも一刻も早く知りたい情報ばかりだ。そんなときにいつものコマーシャルを流されると、怒りだす人もいるだろう。

コマーシャルの代わりというのか、政府広報がときどき放送された。「ゴミをできるだけ少なくしましょう」「水を大切にしましょう」といった内容だったと思う。繰り返し、アニメを使って流されていた。地震の生々しい映像が続くなか、落ち着ける時間でもあった。

しかしその中で、まるで海岸に津波が押し寄せているように見えるシーンがあった。詳しい内容はよく覚えていないが、地震や津波とはまったく関係のないものだったことは確かだ。それにもかかわらず、地震の恐ろしさが脳裏に焼き付いていて、そんなふうに見えたのだろう。

政府広報でさえもそうなってしまうのだから、一般のコマーシャルはどのように感じられることか。自粛してもらって本当にありがたかった。

031

亡くなった人の数で賭けをするなんて

被災者のことばに学んだこと

阪神・淡路大震災による死者の数は、被害の状況が明らかになるにつれて、日に日に増えていった。地震発生から3日目ぐらいで、死者の数は4000人を超えた。

地震から4、5日目だろうか、ラジオを聴いていると、匿名の聴取者からのメッセージが流れてきた。

「私の働いている職場で、死者の数がいつ5000人を超えるか、みんなからお金を集めて賭けをしている。私もむりやり誘われた。断れるような雰囲気ではなかった。せめてもの罪ほろぼしがしたくて、この場を借りて謝ります」。

アナウンサーや出演者は、「ひどいことを……」「そんなことを賭けの対象にするなんて、ひどすぎる」「被災者はそれでなくても落ち込んでいるのに、そんなことをするのは人間じゃない」と、怒りをあらわにしていた。

ラジオには被災した方も出演されていて、司会者が遠慮がちにこの話に対する気持ちを尋ねた。その人は家の被害も大きく、知り合いを何人か亡くされているようだ。しかし、

「いまさら、そのようなことでは驚きも怒りもありません。人間ができるのはそういうちっぽけなことぐらいですね。私は今回の大震災で自然の偉大さを痛感しました。これから防災に関しての意識を高めていきます」と言って、賭けのことは相手にもしなかった。

阪神・淡路大震災では、自然が猛威を振るった。あとは人間どうしの助け合いしかない。全国から、そして海外からも、ボランティアが駆けつけて、毛布を配ったり、炊き出しをしてくれた。

ラジオに出演されていた被災者の方は、さらにこう付け加えた。

「ちっぽけなことは眼中にありません。義理と人情の大切さがわかりました。これは自然より偉大なことかもしれません」。

032
歌は心を落ち着かせてくれた
『負けないで』に学んだこと

落ち込んでいる人に向かって、「負けるな、がんばれ」と励ましても、かえって逆効果になることが多い。それよりも、話をじっくりと聞いてあげる。そして、少しでも共感してあげることだ。

まわりに比べるとたいしたことがないように見えるダメージも、本人にとってはたいへんなことなのだ。その人も、「まわりに比べればたいしたことはない」と、自分で何回も励ましているのである。けれどもどうしても、震災前の自分の状態と比べてしまうのである。でもそれが当たり前だ。家族のこと、家のこと、仕事のこと、お金のこと、いろんなことが突然のしかかってきたのだから。

これはかなりの重圧だ。他人と比べられるものでもない。だから被災した人に対しては、

「たいへんでしたね」と言ってあげよう。それだけでも相手の心はずいぶん落ち着くものだ。

震災後、『負けないで』という歌がラジオからよく流れていた。私は以前から気に入っていたこの歌が流れるたびに、耳を傾けて、いっしょに口ずさんだ。この歌をリクエストした人は、おそらく心から「負けないで」と願ってくれている。この歌が「負けないで」というメッセージを心をこめて伝えているのを、リクエストしてくれた人も聴いている人も感じている。

「どんなに離れてても心はそばにいるわ」という歌詞がある。私はその部分がいちばん好きだ。自然に心を落ち着かせてくれる。

もちろん、励ましてくれた歌は『負けないで』だけではない。そして、どんな歌でも、夢中になって聴いたり歌ったりしている間は、震災のことを忘れさせてくれる。

『負けないで』の歌を聴くたびに、震災後の混乱した中での、ほっとした気持ちを思い出す。

033 情報をどんどん流してくれる

教育テレビに学んだこと

ＮＨＫ教育テレビは、いろいろな情報を提供してくれた。離ればなれになってしまった家族が無事なのか、どこにいるのか、どこへ行けばお風呂に入ることができるのかなど、どんどん流してくれた。

地震から1カ月ぐらい経ったころには、安否情報は少なくなり、その代わりに家の建て直しや、震災で職を失った人への仕事のあっせんといった、生活に関する情報が多くなってきた。

その中に、「震災のため両親を亡くして一人ぼっちになったお子さん、養子にきませんか」という情報があった。名前を見ると、大阪に住んでいるいとこだ。そういえば夫婦だけの二人暮らしだった。知り合いにも、そのテレビを見たという人は多かった。何回も放送してくれたようだ。結局、実現しなかったが、問い合わせはかなりあったそうだ。

いま私は、FM伊丹という地元のラジオ局の市民スタッフをしている。一カ月に一回程度、1時間から2時間の番組を担当して、伊丹の生活・娯楽・買い物情報や、自らの経験を話している。

FM伊丹は、大きな災害が起こったとき、いろいろな情報を提供するためにできた放送局だ。大震災のとき、NHK教育テレビはさまざまな情報を流してくれた。しかし、範囲が広すぎて、一個人に直接かかわりのある情報の量はあまり多くない。それを地元のFM放送が、きめ細かい情報を送ることでカバーする。私が市民スタッフをやり始めたのも、そういうときに何か役に立ちたいと思ったからだ。

番組は生放送で、やりなおしがきかないので、かなり緊張する。放送中に一度、地震が起きたことがある。放送の本来の目的を果たすときがやってきたかという思いが、一瞬、頭をよぎった。まもなく震源地や津波がないことを伝える原稿が渡され、読み上げた。最大で震度3だったが、口がこわばった。

034

震度5が弱い地震？

テレビの表示に学んだこと

昭和23年の福井地震では、建物の倒壊が100パーセント近い地区があったそうだ。その地震の後、それまでは6が最大だった震度に、新たに震度7（30パーセント以上の建物が倒壊する）が付け加えられた。

それからしばらくの間、震度7の地震は起こらなかった。それが、阪神・淡路大震災では、広い範囲で建物の倒壊が30パーセント以上を記録した。震度7が初めて適用されることになるのだが、発表されたのは地震から数日後、現地に入った調査員が調べてからだった。

私はそれまで、震度計が震度を表示し、それがすぐに伝えられるものだと思っていた。しかし、当時はまだ、体感と周囲の状況から震度を推定していたのだ。速報で震度7が伝えられていれば、警察・消防・自衛隊などの初動が迅速に行われ、避難所の開設や救援物資の輸送も、もっと早くできたかもしれない。

震災の翌年、1996年4月から、震度は計測震度計により自動的に観測され、速報されるようになった。また、その年の10月には震度表示の見直しが行われ、震度5と6がそれぞれ2つに分けられた。つまり、5弱・5強・6弱・6強だ。これは、震度5と6の間で、被害の程度にかなりの差があったことによる。しかし、震度5は強震、震度6は烈震と呼ばれていたほどの地震なのに、「弱」という表現が適切かどうか考えてしまう。

あるテレビ局では、「強」をプラス、「弱」をマイナスとして、5-、5+、6-、6+と表示していた。もちろん、画数の少ない+と－の記号が見やすいことも理由のひとつだと思うが、「弱」と表示するより正しく伝わると判断したのかもしれない。

報道機関は、早く正確に伝えるという使命を持っている。こういうところにも、それが表れているような気がする。

035

これから地震が起きるのがわかった

テレビ中継に学んだこと

地震はいつ、どんな規模で起きるかがわからない。しかし、一度だけ、いますぐ起きることがわかってから地震にあったことがある。しかも、地震の規模もだいたいわかっていた。

1984年、国鉄（現在のJR）の乗務員をしていたときのことだ。滋賀県の野洲という駅の構内に乗務員の宿泊所がある。そこで朝、乗務する前にテレビを見ていた。7時台のニュースを放送していたが、長野県からの中継のとき、「ただいま、強い地震が起きています」と、レポーターが真剣な表情で伝えてきた。それから1、2秒たったころ、地震を感じた。

2、3人がテレビを見ていた。地震の揺れに、「おお、来たな」と言って、顔を見合わせた。気持ちに余裕があった。長野ではかなりの揺れだったようだが、ここは滋賀県であり、伝わってくる間にかなり弱まるだろうと、だれもが考えていた。

もし、テレビをつけていなかったら、表情は大きく変わっていたかもしれない。急に揺れるということ、どれぐらいの強さで揺れるのかがわからないということは、やはりかなりの恐怖である。

西日本では、地震の活動期と平穏期が数十年ごとに繰り返しているそうだ。1946年の南海地震以降は平穏期だったようだが、約50年が経過して起きた阪神・淡路大震災から、地震の回数がかなり増えた。活動期に入ったのかもしれない。50年のあいだ平穏期だったとすると、50年は活動期が続くということになるのだろうか。

テレビ中継で地震が起きるのがわかったのは偶然である。予知はまだまだ先の話であるように思う。やはり、いつ地震が起きても大丈夫という心がまえと備えが大切だ。

鉄道に学んだこと

036 福知山線・播但線経由で神戸へ

迂回ルートに学んだこと

大阪から神戸までは、ふだんなら電車で20〜30分だ。この区間は全国的にも競争が激しいところで、JR・阪神・阪急が所要時間の短縮や、クロスシートなどを使った座席の改良、その他のサービスでしのぎを削っている。路線バスも通っている。一昔前までは、阪神電車が国道に路面電車を走らせていた。

その区間の交通が、すべて地震によって寸断されてしまったのだ。JRの在来線は六甲道駅付近の高架橋の損傷が著しく、新幹線も高架橋が9カ所で落下あるいは損傷した。阪神は、石屋川から西灘までの高架、陸橋、駅などが激しく損傷した。阪急は、西宮北口から夙川で高架橋の被害が大きかった。

地震から6日後の1月23日に、神戸と西宮を結ぶ代替バスの運転が始まった。阪急・西宮北口駅前の停留所には、出勤する人や救援物資を運ぶ人たちの長い列ができた。バスはほぼ15分おきに出るのだが、観光バスを転用しているため乗車定員が少なく、およそ2時間待ちの状態。

ふだんなら、10両編成ぐらいの電車が乗客を大量輸送している路線である。朝のラッシュ時は約2分おきのダイヤで、しかもどの電車も満員である。代替バスがその代わりを務めるのは容易ではない。

JRは、いろいろな路線を持っている。大阪と神戸を結ぶ新幹線と東海道本線が被害を受けたので、それに代わって、地方交通線と呼ばれる赤字路線が今回は活躍した。大阪から尼崎までは東海道本線、そこから福知山線で福知山へ、さらに和田山までは山陰本線、そして播但線で姫路に出て、山陽本線で神戸へ行くルートがそれだ。運賃は最短区間と同じ390円に設定され、新大阪から姫路の間には直通の快速が運転された。

復旧への勢いを感じた。

037 福知山線増発で、さまざまな車両が

応援車両に学んだこと

ＪＲは、電車の車体の色によって、どの線を走るかがわかるように工夫されている。阪神・淡路大震災では、大動脈である東海道本線が不通になったので、迂回ルートである福知山線が大活躍した。いつもは片町線や関西本線、阪和線などで活躍している車両も応援にかけつけてくれた。緑やオレンジなど、いろんな色の電車が、さまざまな編成で、ひっきりなしに走っていた。

ＪＲ福知山線の伊丹駅前にある友人宅で震災後しばらくお世話になっていたとき、窓から毎日、電車を見ていた。どこの所属の車両が来るか、日によっても変わるため、１時間見ていても飽きなかった。

大阪と九州を結んでいる寝台特急（ブルートレイン）も、福知山線・山陰本線・播但線

を通るコースで運転が再開された。

阪神電車では、神戸市東灘区の石屋川車庫を中心に車両にも大きな被害が出た。そのため、線路などの設備が復旧しても、車両が足りなくて正常な列車ダイヤを確保できないのではないかと、心配された。そのときに、阪急電車から車両を借りて阪神の線路を走らせることが検討され、阪急も前向きな姿勢を示してくれたという。線路の幅が同じ標準軌で、神戸高速鉄道にともに乗り入れているので、車両を融通することはそれほど難しいことではなかった。

結局それには及ばず、阪神の線路を阪急の車両が走る光景を見ることはできなかった。しかし、このような阪急の協力的な姿勢のおかげで、復旧計画はスムーズに進んだのに違いない。

038

三ノ宮駅付近を外側線で仮復旧

複々線に学んだこと

鉄道の線路は、単線、複線、そして複々線と、利用頻度に応じてさまざまだ。京阪神近郊の草津と西明石の間は、120キロメートルあまりの長い複々線になっている。

一昔前までは、旅客線と貨物線に大別されていた。旅客線は近距離の電車が走り、貨物線は文字どおり貨物列車が走るが、特急電車やブルートレインなどの長距離旅客列車も貨物線を走っていた。しかし、貨物列車が少なくなるにつれて、新快速電車が貨物線を走るようになり（一部区間を除く）、近距離電車のダイヤが充実した。

阪神・淡路大震災では、この区間の複々線、つまり4線が、六甲道付近の約2キロメートルのほか、三ノ宮付近でも高架の一部が損傷したので不通になった。

いつもなら4線すべてを、ひっきりなしに電車が走っている。踏切はたいへんだ。一線でも電車が近づいてきたら遮断機が下りるので、朝のラッシュ時など、ほとんど閉まりっぱなしである。このため、最近は高架がますます増えてきている。

その高架部分が地震にはもろかった。新幹線は高架橋が9カ所で落下あるいは損傷した。阪急・阪神も被害が大きかったのは高架部分だ。また、高架下部分は、有効利用のため店舗になっているところが多い。それもあって、いったん被害にあうと、鉄道会社だけですぐに復旧を始められない場合もある。

六甲道付近は被害区間や程度が大きく、店舗などの関係もあり、復旧までかなりの日数がかかった。しかし、三ノ宮付近の被害はそれに比べれば軽かったので、まず、その区間でも損傷の少ない下りの外側線（貨物線）を1カ月ぐらいで開通させ、ふだんはそこを通らない各駅停車を走らせた。

線路は複々線なのに、単線のみの運行だったが、三ノ宮を久しぶりに走る電車が輝いて見えた。

039

仮駅まで歩いてみて

阪急・伊丹駅に学んだこと

電車を飲み込んで崩壊した阪急・伊丹駅の被害の様子は、目を覆いたくなるほどだった。よく利用している身近な駅だけにショックだった。

震災の10年ぐらい前に、阪急・伊丹駅構内にある店で買い物をしていたとき、火災報知器のベルが鳴った。それでも店の人はあわてている様子がない。すぐに、「避難訓練を行うので、集合してください」という放送が流れた。しかし、だれも集合場所へ行かない。隣り合ったお店の人どうし、「だあれも行かへん」と、にやにやしながら話している。

買い物をすませて集合場所をのぞいてみた。自治会長らしい人と役員らしい人が数人、そして消防の服を着た人が話をしていた。あとは、何人かのお客さんが、私のように離れて見ていただけだ。

当時、参加者の少ない形式的な避難訓練は、ここだけに限らなかった。役員以外の人が参加すると、「お宅、何かの係ですか」と、白い目で見られることもあった。

阪急・伊丹駅は震災から3年10カ月かかって新しく生まれかわった。終点の駅だったこともあり、時間をかけて作り直すことができたようだ。防災施設だけではなく最新の設備が整えられ、改札口からプラットホームまでスロープだけで行くことができるなど、人に優しい駅になっている。

新しい駅ができるまで4年近く、約300メートル南に作られた仮駅が役目を果たしてきた。私も仮駅を何回か利用させてもらった。市バスのターミナルから仮駅まで、建て直されていく駅を見ながら歩いた。ふと、避難訓練のことが思い出された。いま歩いている人たちの防災に対する心がまえは、以前とはまったく違っているはずだ。

040 地震が起きる前に新幹線を止める

ユレダスに学んだこと

震度４ぐらいの地震が起きるとき、最初はカタカタで、次にガタガタだ。最初のカタカタで「おやっ、どうしたのかな？」と思ったら、次のガタガタで「うわあ、地震だ！」となる。

つまり、大きな揺れが起きる前には、小さな揺れが起きているということだ。専門用語では、最初のカタカタを初期微動Ｐ波（縦波）、次のガタガタを主要動Ｓ波（横波）と呼ぶ。阪神・淡路大震災では、Ｐ波もかなり強かったと言われている。

この性質を利用して列車を停止させる装置がある。ＪＲ東海のユレダス（地震動早期検知警報システム）だ。進行速度の速いＰ波を検知すると、コンピュータによって地震の大きさなどを瞬時に計算し、Ｓ波が線路に到達する前に非常ブレーキをかける仕組みである。

なるほど、と思う。しかし、P波とS波の間は、ほんの数秒しかない。しかもコンピュータといえども計算するのに数秒はかかる。時速270キロで走っている新幹線だと、完全に停止するまで1分あまりの時間がかかる。どう考えても、S波が来る前に列車を止めるのは難しい。

では、むだなことなのか。もちろんそうではない。1秒でも早くブレーキをかけて、一刻も早く停止させる措置を取ることに意義があるのだ。なによりも大切なのは、できる限りのことをして不測の事態に備えるということだ。

さらに、ユレダスとは別に、変電所内に地震を感知する機器が設置してあり、S波の大きさが加速度40ガルを超えると自動的に送電を止める。ユレダスと併用して、早く働いたほうで新幹線を停止する仕組みになっている。

ユレダスは、在来線にも採用されてきている。しかし、地震の種類はさまざまで、いままでとはまったく違うタイプの地震が起きる可能性もある。そんなとき、ユレダスはその能力を発揮してくれるだろうか。注目していきたい。

復興に学んだこと

041 石を持ち上げる機械で助けた

造園業者に学んだこと

宝塚は、阪急・山本駅付近を中心に植木づくりが盛んなところで、造園業者も多い。長尾山から天王寺川に、木を育てるのにちょうどよい土が運ばれるのと、温暖な気候のおかげだ。

大きな石を使った立派な庭がある家も多い。造園業者が持っている機械には、直径が1メートル近くある石をいっぺんに5個ぐらい軽々と持ち上げるものもある。そんな機械が阪神・淡路大震災のときに大活躍した。壊れた家のガレキを持ち上げ、生き埋めになっている人をつぎつぎと助けたのだ。

宝塚市内の、ある2階建ての文化住宅は、地震のため1階部分がぺしゃんこになった。2階部分がちょうど1階の位置にきて、まるで1階建てのように見える。2階にいた人は全員無事だ。みんなで1階の人たちに声をかけた。すると何人かの、元気そうな声が返ってきた。なんとかして中の人を助け出さなければと、手当たり次第にガレキを取り除こうとした。しかし、2階部分が重くのしかかっていて、みんなで力を合わせて努力してみたものの、どうにもならなかった。

近所の家で電話を借りて119番に通報してみたが、火災への対応に手一杯のようで、すぐには来てくれそうにない。

そこで、近くの協力してもらえそうな人を探すことにした。しかし、どこもたいへんな状況である。電柱や塀が倒れ、地割れができている道路を、苦労しながら進むうちに、造園業者の車が作業しているのを見つけた。倒壊した2階建ての家を、機械を使ってジャッキアップして、中にいる人を助けていた。協力してほしいとお願いしたら、およそ1時間後に来てくれて、全員を救出してくれた。

造園業者だけではない。建築関係者や工事関係者など、大活躍だった。パワーショベルやブルドーザーはもちろん、スコップ一本でもたいへん役に立った。

042 売布カメラやっとる！

地元の人の力に学んだこと

阪急・売布神社駅のすぐ南側を国道が走っている。その国道を挟んで、市場や食堂などの店舗40軒ぐらいからなる商店街がある。国道といっても、少し離れたところにバイパスが通っているので、片側一車線で交通量もあまり多くない。こぢんまりとした商店街だが、なじみのお客さんも多く、活気があった。私も買い物や食事に、よく利用させてもらった。

その商店街も、地震でかなりのダメージを受けてしまった。地震直後に見たときの様子では、ほとんどの店が全壊または半壊していた。店のガラスは割れてしまって散乱している。アーケードや屋根、そして壁も、かなりの損傷だ。店の中も手のつけられる状態ではない。

そんな中で、地震の当日から営業している店があった。国道の南側にある売布カメラである。決して被害が小さかったわけではない。建物自体が国道側に傾いているのが見ただけでわかる。自動ドアは変形してしまっていて、手で開け閉めしなければならない。しかも、かなりの力がいる。余震が来ても倒れないように、太いつっかい棒をしての営業だ。

避難所でも、「売布カメラやっとる！」と話題になり、営業を応援しようという雰囲気だ。私も、被災証明に貼る写真の現像・プリントを頼んだ。マスター、奥さん、ともに元気だ。箱はぼろぼろになっているが、新品のフィルムを格安でゆずってくれた。

その売布カメラも、商店街全体の建て直しのため取り壊された。いまは商店街とは別のところに、大きな店舗で「やっとる」。

043

ピサの斜塔がたくさんある

高速道路の柱に学んだこと

高速道路の被害は、なんといっても阪神高速神戸線が600メートルあまりにわたって倒壊したことがいちばん大きいと思う。しかし、10日間にわたり通行できなかった大動脈である中国自動車道の被害もたいへんなものだった。とくに、片側3車線もあるのに慢性的な渋滞が発生していた宝塚インター付近が不通になったことは、経済的にも影響が大きかった。

中国自動車道は売布小学校のすぐ横を通っている。道路を支える柱が傾いているのが、ひと目でわかった。高架下は公園になっており、ふだんなら子どもたちがよく遊んでいるところだ。地震直後は、まだ立入禁止の札もロープもなかった。しかし、余震の続く中、そこへ入る人はだれもいなかった。

どの柱も同じように傾いている。そんなに大きな角度ではない。見ていると、ピサの斜塔を思い出した。実物を見たことはないが、そんな感じの傾き方だった。

ピサの斜塔は地盤沈下が原因のようで、ほうっておくと少しずつ傾きが増えていく。とはいえ、傾いていることを売り物にしている重要な観光資源であるから、まっすぐにすると意味がなくなってしまう。建築・土木の専門家たちが存続に四苦八苦している。

中国自動車道の場合は、まっすぐな柱にすればいい。傾いた柱と柱の間に、柱のかわりになる台を、下から組んでいった。太さもかなりあり、見るからに頑丈そうであった。

10日ぶりに開通した中国自動車道は大渋滞した。高架下の公園はしばらく使えなかったが、大動脈を支えている柱を子どもたちも感慨深げに見つめていた。

044 青いシートを張ってくれた

ボランティアに学んだこと

私の実家は仁川で、大規模な地滑りによって多くの方が亡くなった場所からすぐ近くにある。瓦の損傷が大きく、落ちたり、ずれたりした。そのままでは雨が降れば家の中が水浸しになってしまうので、一刻も早く屋根にシートを張らなければならなかった。

市役所に連絡すると、「シートは用意するが、張るのはそちらでやっていただきたい」とのこと。しかし、実家は高齢の母親が一人暮らしで、私は避難所となっている勤務先の小学校にいなければならない。その事情を説明すると、「一、二日、待ってくれたら、張りに行きます」と約束してもらえた。

幸い、阪神地方の冬は晴れる日が多い。地震から5日間は良い天気が続いた。実家には地震から4日目にシートを張りに来てくれたので、雨に濡れずにすんだ。

母親の話によると、ボランティアの方が数人きてくれて、お互いに声を掛けながら、難しそうな作業をこなしてくれたそうだ。チームワークの良さが印象に残ったという。その日は良い天気だったが、風が少しあり、大きなシートにはかなりの力が加わった。しかも、シートが飛ばされないように端のほうをひもでくくるのだが、くくりつけるのにふさわしい場所が少なくて苦労していた。それでも作業が終わると、やり遂げた達成感からか、みんなとてもさわやかな表情をしていたという。

それぞれの家の形は全部ちがうし、平屋も、2階建ても、3階建てもある。家屋が密集していて隣の家との間隔があまりないところや、石垣の上に建っている目のくらむような高さの家もある。一口にシート張りと言っても、たいへんなことなのだ。

もちろん、たいへんなのはシート張りだけではない。簡単にできる仕事などない。避難所で食料を配っていたボランティアの人は、一人暮らしの人を気づかい、積極的に話し相手になってあげていた。

045 全壊でも住めて、半壊でも取り壊し

平行四辺形に学んだこと

当初、実家の建物は、瓦が落ちたほか、壁に亀裂が数カ所見られたが、大きな被害はないように見えた。しかし、中に入ってみると、どうもいつもとは違う雰囲気だ。築35年の木造家屋で、庭に面したところは大きな引き戸になっている。その引き戸がまったく動かない。しかも、わずかに傾いているように見える。

どうも、数センチではあるが家のほとんどの柱が傾いて、柱と梁の関係が、普通なら長方形をしていなければならないのに、極端にいうと平行四辺形になってしまっている。だから、どの部屋も庭側の引き戸はピクリとも動かず、また庭側と側面にある窓は外れてしまっていた。

せっかくボランティアの人たちが屋根に張ってくれたシートも、その後の強風で飛ばさ

れてしまい、家の中は雨漏りでびしょぬれだ。とくに和室の畳が、致命的なダメージを受けていた。

被災の程度は「半壊」と判定された。しかし、建物の骨組み自体が平行四辺形になっていては、補修は不可能である。結局、取り壊すことになり、35年のあいだ雨漏りひとつなく、ほとんど手を加えることがなかった住み心地のよい家が、あっさりと消えてしまうことになった。

実家の近くでは、ダメージがほとんどないように見えても、取り壊される家がけっこう多かった。その中には、半壊どころか、一部損壊の判定しか受けていない家屋もあったらしい。それとは逆に、全壊と判定されたにもかかわらず、ほとんど補修しなくても住める状態の家があるとも聞いた。

阪神・淡路大震災による建物の被害は、全壊が約10万棟、半壊が約15万棟という、けたはずれな数字になっている。その中には、だれが見てもわかるような、完全にぺちゃんこになった家や、横倒しになったビルだけでなく、骨組みが平行四辺形になってしまった多くの家が含まれているのだ。

046 仮設住宅に入れない

半壊のマンションに学んだこと

私の自宅は、西側のベランダと東側の玄関の扉がどちらも壊れてしまったので、冬の季節風がまともに部屋の中に入ってきた。西側が一級河川の武庫川なので、もともと季節風が強く、ガラス戸がびゅんびゅんうなっているほどだ。

いつもならマンションは気密性がいいので、冬でも室内は暖かい。しかし、これでは外とあまり変わりがない。室温が零度近くまで下がっている。石油ストーブをつけてみたが、まったくと言っていいぐらい効き目がない。灯油がもったいないので、すぐに消した。

家の状態をよく調べてみた。すると、北側の部屋の壁に大きな亀裂ができていて、そこからもすきま風がどんどん入ってくる。さらに、トイレの窓枠が変形してしまって、外の空気が入ってくる。玄関の横の壁にもたくさんの亀裂があり、かなりの量の壁土が落ちてしまっている。

ライフラインのうち電気は早く復旧したが、水道とガスが来ないうちは、食べるものは主にお弁当だった。水道は2週間ほどで、ガスもそれから2、3日して復旧した。いちおう温かい食事を作り、熱い風呂にも入ることができるようになり、いつもの生活が少し戻ってきた。しかし、家がまだ直っていないので、寒さは変わらない。家の中でも外と同じような服を着て過ごし、寝るときはオーバーだけ脱いで布団を何枚も重ねた。

こんな状況では、私一人ならなんとかなるが、3歳の子どもがいるため、住み続けるのは困難だ。そこで、受け付けてもらえるかどうかわからないが、仮設住宅の申し込みに行ってみた。そこは、あふれんばかりの人でごったがえしていた。家の状態を説明したところ、「家がある人は対象にならないんです」と、あっさり断られた。

全壊と判定されただけでは不十分で、完全にぺしゃんこになってしまった場合しか、対象にならないようだった。

047 工事中の足場から見て

復旧委員会に学んだこと

私が住んでいるマンション全体も、かなりのダメージを受けた。そこで、管理組合が復旧委員会を作ることになった。私も微力ながら何かの役に立てればと思い、委員に立候補した。組織は委員長のほか、工事内容監査、自治体連絡、会計監査、広報、状況調査の各委員からなる20人で進めていくことになった。職業は多種多様である。やはり建築関係の人が多いが、銀行員、電気関係の技術者、そして専業主婦もいる。それぞれの専門分野、得意分野を生かして、組織が構成されていった。私は状況調査委員の仕事を受け持つことになった。勤務先の小学校周辺の被害が大きかったので、少しでも情報交換ができればという願いからだ。

復旧委員会の会合は、発足当初、ほぼ週に一度、土曜日の午後7時から行われた。委員長と大手工務店に勤める工事内容監査委員を中心に、比較的スムーズに運営されていった。それでも話し合いはしばしば数時間に及び、午前零時近くまでかかることもあった。

まず最初に、復旧の方針が検討された。補修だけでいいか、それとも補強する必要があるのか、あるいは建て直さなければならないのか。結局、損傷の程度から判断して、補修でいくことになった。

方針が決まると、次は具体的な詰めである。どの会社に工事を頼むか。全216戸の間では損傷の差が大きく、広さも違うので、各戸の補修費用の負担割合をどうするか。費用の借入先のあっせん。クーラーの取り外し業者のあっせん。委員会で決まった内容をどのように伝えるか。

活動は順調に進み、工事日程が提出された。その中に「トロ詰め」という作業があった。スーパーマーケットに勤めている委員が、「何のことかよくわからんけれど、魚のトロ箱を連想するな」と言ったので、会議室がどっと沸いた。

地震から1年あまりが経過して、補修工事は完了に近づき、復旧委員で検査をした。建築には無縁の私も、足場を歩かせてもらった。高層ビルに昇ったような感じがした。

048

「どこでもドア」がきた

補修工事に学んだこと

住んでいるマンションの補修工事が始まったとき、各戸に工事予定表が配られた。縦の欄には工事箇所が、横には日程が書いてある。専門用語が多いので、素人にはおおよその見当しかつかない。

その中でいちばん興味を引かれた用語は「はつり」だった。『広辞苑』で調べると、「はつる【削る】少しずつけずり取る」とあった。補修工事の「はつり」は、コンクリートを電気ドリルなどで削り取ることで、かなりの騒音と粉塵を覚悟しなければならない。マンションに住む主婦たちは、「はつりの日は、うちに来てゆっくりしていって」と、お互いに工事中でも上手に過ごせるようにしていたようだ。

私の家は1階で、損傷が大きく、玄関のドアを外して、そのまわりの壁を完全に、はつらなければならなかったので、ドアの内側に間仕切りと臨時のドアを取り付けた。そのドアを開けて反対側に行っても家の中だ。子どもたちは「まるでドラえもんに出てくる『どこでもドア』みたいだ」と言って、何回も行ったり来たりしていた。そのうちに、オモチャの船や飛行機、外国の写真をドアのそばに置きはじめ、アニメの世界に入り込んでいた。

工事が進むにつれて、古いドア、そしてそのまわりの壁が取り外され、「どこでもドア」は家と外を分けるドア本来の役目を果たすようになった。子どもたちは、外の光を浴びているドアを見て、また違った印象を受けているようだった。

そのうち、新しいドアが取り付けられ、「どこでもドア」が復活した。子どもたちの目が再び輝いた。しかし、翌日にはドア付近の工事は完了し、「どこでもドア」は残念ながら取り外された。

住みながらの補修工事はたいへんだ。しかし、そのプロセスを肌で感じることができたのは貴重な体験だった。

049

技あり、笑顔あり

プロレスに学んだこと

阪神・淡路大震災から約1カ月後に、篠山でプロレスの興行があった。私はジャイアント馬場とアントニオ猪木がタッグを組んでいた頃からのプロレスファンだ。ちょうど家族で篠山に避難させてもらっていたときだったので、一家4人で見に行った。入場券売場の係の人が、被災者であることを察してくれたようで、子ども連れということもあってか、見やすい席へ案内してくれた。

興行は震災前から決まっていたのだが、中止も検討されたらしい。しかし、神戸からは少し離れていたことと、プロレス観戦が活力になってくれたらという主催者側の思いもあって、予定どおり行われることになった。

試合は進み、メインイベントが始まった。やはり動きがいい。見ているうちに、四角いジャングルの世界へ吸い込まれていき、レスラーと一体になった。その間だけは、震災の苦労を忘れることができた。

レスラーたちは、篠山へ来る途中、川西市や宝塚市を通ったとき、全壊のまま放置されている建物や、青いシートがかかっている家の多さに驚いたそうだ。そして試合では、被害にあった人たちを励まそうと、ふだんにも増して頑張ってくれたという。

それから数カ月後、震源地だった淡路島で、別の団体のプロレス興行が行われた。これは、「被災地のみなさんに笑顔を取り戻してほしい」という願いから、いまは亡きジャイアント馬場らが企画してくれたものだ。馬場自らも試合に登場して、会場はたいへん盛り上がった。

震災のため、やむなく中止された催し物が多いなか、プロレス以外にも中止せずになんとか工夫して行われたものがいくつもあった。最後まで望みを捨てないという意気込みが、たくさんの人に伝わって、復興を後押ししたように思う。

050

ミキサー車を声で誘導

タクシーの運転手に学んだこと

震災により、鉄道は大きなダメージを受けた。高架の下を店舗にしているところの被害が、とくに大きかった。ＪＲ、阪急、阪神ともに、そのような場所で復旧に時間がかかった。しかし、どの鉄道も当初の予定より工事期間を大幅に短縮できた。これは夜間工事に対する沿線住民の協力によるものだ。

阪急神戸線の西宮北口駅から自宅までタクシーに乗ったとき、運転手さんが阪急神戸線の復旧工事のことを話してくれた。「深夜、国道171号線にコンクリートミキサー車がずらりと並ぶんです。そして、前の車から1台ずつ工事現場へ誘導していくんですが、誘導する係の人は車へ近づいていって声で指示するんです。笛はいっさい使わないんです」。

ミキサー車は、コンクリートが固まってしまうので、待機中でも回転を止めるわけにはいかない。エンジン音とともに、かなりうるさい。工事現場の近くには民家も多いので、少し離れた国道に車を待機させ、そのつど現場へ乗り入れた。笛はとても高い音で響くので、いっさい使用されなかった。そういう心づかいによって住民の理解が得られて、夜の工事が可能になり、復旧工事は急ピッチで進んでいった。

予定より2カ月あまり早く工事が終わった。「早く開通させたいと、あせっての突貫工事だったのでは?」「安全性は果たして大丈夫なのかな?」など、正直言って最初は不安を感じていたが、タクシーの運転手さんからミキサー車の話を聞き、真剣な工事の様子を知ることができて、不安も解消された。

タクシーの運転手さんは、深夜の出来事をよく見ている。私も鉄道で働いていた頃、夜の街は昼間とは別の世界のように感じた。違う角度から見ることができるのだ。

私は体育の授業などで笛を使うことがあるが、必要以上に多用していないか、あらためて考えさせられた。

051 高校野球ができた

一日3試合に学んだこと

テレビのチャンネルを回して高校野球が放送されていたら、必ずと言っていいほど見てしまう。とくに地元のチームの試合でなくても、つい見入ってしまう。それぞれのチームの特色を発揮した、純粋でさわやかなプレーに引き込まれる。高校野球にはドラマがあると言われるが、筋書きのない高校野球はドラマ以上だ。

春の高校野球は3月下旬から始まる。地震が起きた1月17日から、2カ月あまりしかない。甲子園球場自体は被害が少なく、修理するのに十分な時間があった。しかし、周辺の家や道路は被害が大きい。また、阪神電車も神戸方面の復旧に時間がかかり、全線開通は間に合わない。

高校野球を実施するかしないか、いろんな議論があったと思う。こんなときだから自粛したほうがいいという意見があったかもしれない。逆に、こんな状況だからこそ実施して、復興の励みにすべきだという意見もあっただろう。

結局は、やることに決まった。ただし、復興に支障をきたしてはいけないし、被災した人たちには十分に配慮しなければならない。それで、例年のような一日4試合のスタイルではなく、準々決勝以外は一日3試合とされた。試合日程は若干長くなるが、ナイターをできるだけ少なくして、電力の消費を抑えたのだ。

また、万が一に備えて、避難訓練が綿密に行われた。準備期間中に震度3の地震があったが、スタッフはみんな落ち着いて行動することができたという。

「2カ月あまり」の、「あまり」のおかげで、なんとか開催に間に合った。短期間で実施までこぎつけられたのは、関係者の並々ならぬ努力と、たくさんの人の協力があったからこそである。

復興活動の中で実施された高校野球は、いつもよりいっそう、さわやかだったような気がする。

052

店は助かったが

チェーン店に学んだこと

伊丹市に、大阪王将・西野店という、家庭的な暖かい雰囲気の中華料理店がある。大衆的な料金で、本場の味を提供してくれるので、人気が高い。その味をおいしいままの状態で持ち帰りができることも、お客さんが絶えない理由のひとつだ。

この店も阪神・淡路大震災で大きなダメージを受けた。この店を含めて、つながって建っているいくつかの店は、どこも柱が傾き、ドアや窓が外れ、ガラスが割れて、手のつけられない状態だった。幸い火災は免れたため、約1カ月後には、なんとか営業できるようになった。しかし、復旧後の店は前より狭くなってしまい、持ち帰りコーナーは外に追いやられてしまった。冬場はビニールシートで囲って、寒さを防いでいる。それでも、店の一生懸命な思いが伝わって、いまではお客さんの数は震災前と同じぐらいまで回復している。

西野店の店長が震災当時のことを思い出して、次のように話してくれた。

神戸市灘区に西灘店があった。灘区も被害の大きかったところだ。震度7の揺れが襲い、かなりの範囲にわたって、建物の倒壊率が50パーセントを超えた。

そんな中で、西灘店はほとんど被害がなかった。伊丹市にある西野店のほうが損傷が激しかったぐらいだ。しかし、建物が無事だった西灘店が店を閉めなければならない結果となった。家が壊れてしまい、この土地をあとにする人が増えたためだ。

大阪王将はかなり規模の大きなチェーンなので、西灘店で仕事をしていた人たちは他の店で働いたりして、みんなで助け合っている。

店長は、最後にこう付け加えた。

「地震で建物が損傷したときは、もう続けられないかもしれないと思いました。でも、この場所を離れたくない気持ちが大きかった。西灘店の人たちも神戸を離れたくなかったに違いないでしょう。いつかは西灘へ戻ることができるように、私も応援します」。

いろんな人に学んだこと

053 ピアノが舞う

本震の激しさを伝える話に学んだこと

阪神・淡路大震災のときの揺れは、どう表現していいかわからないほど激しかった。震度6や7と一口に言っても、それがどれほどの揺れなのかは、体験してみないとわからないだろう。しかし、何人かに話を聞いてみて、その揺れの強さを少しは感じることができた。

仁川にある私の実家も大きな被害を受けたが、その近所の人は、「タンスや棚が、倒れるというよりも、飛んできたような感じでした。神戸の高層マンションに住んでいる知り合いからは、もっとすごい話を聞きました。釣り竿を立てて持って揺らすと、先のほうがしなって大きく揺れるでしょう。マンションの上階がまさにそのとおりで、タンスや食器棚、それにピアノまでが舞っていたそうです」と話してくれた。

芦屋に住んでいた老人は、家が全壊して、大きなショックを受けた。「全部、風で飛んでしもうた。もう何も残ってへん」。

地震計の数値が400ガルを超えると、震度はほぼ7程度と言われている。980ガルで無重力状態になるらしいが、阪神・淡路大震災では、800ガルを超えたところがあった。

崩壊した駅や、倒れた高速道路など、地震後のすさまじい様子がテレビや新聞で伝えられた。それを見ただけでも、とても激しい揺れだったことがわかる。本震の最中の映像もよく放送された。しかし、多くの映像は停電などによってすぐに切れてしまっていた。

「百聞は一見に如かず」と言われる。しかし、そのときの様子を話してもらうほうが、かえって実感としてよくわかることがある。なにしろ、200キロあまりあるグランドピアノが宙に舞ったのである。

054

冷蔵庫を使ってください

マッサージ師に学んだこと

阪急・甲東園駅付近の震度は7だった。そこに山﨑さんというマッサージ師が住んでいた。大きな揺れに襲われたが、タンスが倒れる直前に、奥さんを抱えるようにして、となりの部屋へ逃れ、2人とも無事だった。奥さんは全盲である。山﨑さんも弱視ではあるが、とっさに奥さんをかばった。

家の中はタンスのほかに食器棚なども倒れ、足の踏み場もない状態だったので、避難所へ向かった。社宅の集会所を開放してくれたところだった。避難している人が15人ぐらいと少なかったので、全員の意思の疎通は早かった。山﨑さんに対しても、みんな親切にしてくれた。山﨑さんは自宅の冷蔵庫を提供して、救援物資の一時保存に役立ててもらった。

マッサージ店「山﨑堂」は自宅から1キロメートルほど北の、阪急・仁川駅前にあった。

1階は商店、2階が山﨑堂になっていて、外の階段から上がる。

地震から2日目になって、山﨑さんは、やっと歩いて店へ行くことができた。何軒か連なっている店舗全体が傾いていて、山﨑堂の外の階段は外れてしまっている。外れた階段を途中まで昇り、そこから足をのばして2階の入口に到着。しかし、建物が傾いているせいかドアが開かないので、また階段に戻り、今度はもう少し離れた窓までジャンプして、そこから中へ入ることに成功した。

全壊状態の店には、マッサージに必要なものがたくさん置いてあり、また、寒さをしのぐためにファンヒーターをどうしても取り出したかった。近所の人が、ロープを使って窓から出したらどうかと、数人で協力してくれた。

震災後7年目に、甲東園の自宅をリフォームして店は再開された。仁川時代のお客さんの大半が、甲東園まで来てくれているという。

055 戦争より怖かった

戦争経験者に学んだこと

避難している人たちに救援物資を配っていたとき、年配の女性から話しかけられた。「怖かったわ。戦争よりも怖かったわ」と、地震がつい今しがた起こったかのように。そのとき私は、いくら大きな地震だったとはいえ、戦争より怖いというのは大げさな気がした。戦後50年が過ぎ、戦争の記憶が薄れてしまったせいで、そんなふうに感じられたのだろうと思った。しかし次に一言、「戦争だったら、（突然ではないので）わかるから」と言われて、なるほどと思った。

たとえ戦争を体験していなくても、戦争が怖いものだということはだれでも知っている。しかし、世界情勢に注意していれば、戦争が始まるかどうかは、ある程度予想できる。そして不幸にも戦争になったとしても、空襲警報などの情報によって、あらかじめ安全のための対策をとることができるだろう。

人間だれでも、予想がつかないものほど怖いものはない。それを戦争経験者である年配の女性が切実に教えてくれた。いまはマスメディアが発達し、何もしなくても情報が目や耳からどんどん入ってくる。それが当たり前になっているだけに、予想できないことに出くわすと、いっそう大きな不安を感じてしまう。

地震はいまでも予知することは難しい。しかし、東海地震についてはかなり研究が進んでいる。津波に関しては、警報や注意報がすぐに出せるところまで技術が進歩した。近い将来、地震に関しても、かなり高い精度で警報や注意報が出せるようになるかもしれない。

しかし、情報が豊富だからといって、油断しないように気をつけなければならない。台風が近づいてくると、テレビは多くの台風情報を流してくれる。気象衛星からの雲の写真や予想進路が示され、台風の大きさや動きがよくわかる。しかし、これからの進路や強さがわかっても、台風は予想外の被害を与えるかも知れない。地震も同じことだ。

056

一生に1度は身の危険を感じる

ふたたび、戦争経験者に学んだこと

震災のとき勤務していた小学校の校長が、地震から1週間ほどたって少し落ち着いてきた頃に、こんな話をしてくれた。「人生いろんなことがあり、波を打っているようだ。悲しいことが続いたかと思えば、楽しいことが続く。そんな中で、だれでも平均して一生に1度は、身の危険を感じる体験をするらしい。私は小さいときに戦争の経験もあるので、今回で2度目。平均を上回ってしまったわ」。

私はこの話を聞いて、トランプのカードが頭に浮かんだ。人生はトランプカードのようなものだ。仮に、赤いカードのダイヤとハートが幸運な年で、黒いカードのスペードとミツバが不運な年だとする。裏向きにしてカードをよく切り、うえから順番に表を向けていくと、赤いカードと黒いカードが交互に並ぶことはまずない。赤いカードが5、6枚続いたかと思えば、今度は黒いカードが続くこともある。

幸せも不幸せも、しばらく続いて当たり前と思っていたほうがよさそうだ。しかし、だれでも幸せは短く感じるし、不幸せは長く感じる。不運が続くと落ち込んでしまい、自らその状態を継続させることにもなりかねない。

そんなときこそ、トランプカードを思い出したらいい。赤と黒のカードは同じ数。黒いカードがしばらく続いても、赤いカードは必ずやって来る。同じ数なのだから、黒いカードが続けば続くほど、そのあとには赤いカードがたくさん出てくるはずだ。

もうひとつ大切なこと。赤いカードばかりのトランプはない。黒いカードが出てきたときにどうするか、赤いカードが出ているうちに対策を練っておく必要がある。

ところで、トランプで忘れてはならないのはジョーカーだ。これこそ、一生に1度は体験する身の危険。校長先生のように、2枚入っていることもあるので、頭に入れておきたい。

ただし、トランプのゲームによっては、ジョーカーがラッキーカードになるときもあるのだ。

057 なつかしい写真が出てきた

親切な解体業者に学んだこと

私の住んでいたマンションは半壊で、補修だけですんだ。仁川の実家も半壊の判定だったが、こちらは解体することになった。基礎部分を中心に、損傷がかなり激しかったからだ。

全壊と判定されてもほとんど補修せずに住めたところもあるし、半壊またはそれ以下の判定でも解体せざるをえなかったところもある。実家は全壊と判定されるほうが適切だったと思う。しかし、だれも経験したことのない大きな地震だけに、被災証明に関する仕事をしていた人たちは、たいへんどころではなかっただろう。

救援物資の分け方が不公平だったという話もよく聞いた。しかし、公的な避難所だけではとうてい足りず、私的なものや広場にテントを張っただけのところもあり、正確な避難所の数さえつかめなかったのだから、仕方がないと思う。また、避難者名簿が作られるようになったのは、みんなが落ち着いてきた数日後だ。避難者の数もどんどん変わっていく。私の勤務先だった小学校も避難所になったが、最初は避難者の数をおおよそでしか把握できなかった。それでも、地震当日の夜には、パンと牛乳がほぼ全員に配給された。

実家は仁川の大規模な地滑りが起きた場所の近くにある。近所に急斜面がたくさんあり、がけ崩れがあちらこちらで起こっていた。家の解体は業者に任せて、壊されるところは、わざと見ないようにした。

解体が終わって、業者の方から「写真が見つかったので、保管している」と連絡があり、取りに行った。アルバムに貼られた私の小さい頃の写真で、以前から探していたものだった。土でかなり汚れていたのに、何か輝いて見えた。自分にとって価値のあるものが見つかったのと、わざわざ拾って連絡してもらえた喜びから、そんなふうに見えたのだと思う。

震災ではいくつかの不公平が目についたが、それを忘れさせるほど多くの善意を感じた。

058 地震・雷・火事・親父

昔からの言い伝えに学んだこと

昔からの言い伝えやことわざは、とても興味深い。科学が発達した現代でも、なるほどと思わせる。

たとえば「地震・雷・火事・親父」。だれでも知っている、怖いものを並べた言葉だ。たしかに昔の親父は怖かった（じつは、「親父」ではなくて「オオヤマジ」、台風のことを言ったらしい）。

親父の権威はとっくに失われてしまったが、あとの3つはいまでも怖い。そして「地震」は最初に出てきている。私は関東大震災などの記録を見て、地震の怖さをわかっているつもりだった。しかし、阪神・淡路大震災にあって、地震の本当の怖さがわかっていなかったことを思い知らされた。タンスの上にはたくさんの物が不安定な状態で山積みになっていたし、台風シーズンを除けば、懐中電灯ひとつ用意していなかった。

阪神・淡路大震災では、わずかの間に何十万棟もの建物が壊れ、鉄道の高架橋や駅が崩壊し、がけ崩れや地滑りが起き、６０００人あまりが亡くなった。それでも、記録に残っている過去の大地震と比べて、特別に強い地震だったというわけではないのだ。このことは、地震がいかに怖いものかを示しているといえるだろう。雲行きなどからある程度の予想がつく雷と違って、地震は何の予告もなしに突然やって来る。さらに、もうひとつの怖いものである火事まで引き起こすかもしれない。

昔の人は経験したことを言い伝えやことわざとして残してくれている。阪神・淡路大震災を教訓に、地震を含むさまざまな災害に対する防災意識を高め、科学への過信がないかを見直し、先人が残しておいてくれた言葉を、もう一度噛みしめようと思う。

059 「地震ごっこ」で震度8

子どもたちの遊びに学んだこと

地震で阪急・伊丹駅が崩壊して、電車が3階から2階へ落ちてしまった光景を、「まるでオモチャの電車のようです」とアナウンサーが伝えた。同じように感じた人は多かったに違いない。

子どもの遊びの世界では、事件や事故が多い。オモチャの電車がきちんとレールの上を走っているのは、最初のうちだけだろう。たいていの場合、じきに電車どうしの衝突や、脱線、転覆、転落が起きる。そのうち電車はレールの上ではなく道路や畑を走りだし、家の屋根にはい上がり、やがて飛行機のように空を飛ぶのだ。

テレビ番組にも同じようなことが言える。大人が見ているテレビドラマも、平々凡々な生活が描かれるのはごくまれで、多かれ少なかれ事件や事故がある。

阪神・淡路大震災のあと、「地震ごっこ」が子どもたちの間で流行した。たとえば、ひとりの子どもが「震度5」と言うと、もうひとりの子どもが「グラグラ」と言いながらオモチャの建物を揺らす。「震度6」ならもっと激しく揺らし、言葉も「ガタガタ」に変わる。落ちたり倒れたりする物も多くなる。「震度7」になると建物が壊れてしまう。子どもの遊びはそこで終わらない。「震度8」もあるのだ。そのときは熱したフライパンの上で炒められた物がはじけるように、激しい縦揺れで物や建物が飛び上がる。つまり、一瞬のあいだ無重力状態になるのだ。感心したのは「震度0」、つまり無感地震の揺れの表現である。オモチャの建物の上に水の入った皿を置き、建物をなでるように軽くたたく。そうすると皿の水がわずかに波立つ。しかし、それ以外の建物などはまったく揺れない。水の入った皿が地震計なのだそうだ。

子どもたちの心が不安定になっているから「地震ごっこ」などという遊びをしてしまうので、禁止すべきだという動きもあった。しかし、子どもの遊びの世界では、事故や事件は日常であり、そこに地震という体験から得た知識が加わったにすぎないのだ。

060

人情味あふれる店

散髪屋に学んだこと

地滑りで大きな被害が出た仁川の現場から500メートルほど下流に、五ケ山という町がある。小さな町だが、関西学院大学がすぐ近くにあるので、かつては学生向けの下宿や安いアパートがいくつかあった。そして彼らをお客にする食堂、本屋、酒屋、マージャン荘、ビリヤード場、食料品店、そして散髪屋があった。

いまでは少なくなってしまったこうした店の中で、法島という散髪屋は昔からほとんど変わらずに営業を続けている。

ご夫婦だけでやっているので、お客さんが座る椅子は2台だけだ。私が最初に散髪をしてもらったのは小学生の頃だったから、少なくとも40年は同じスタイルで営業されている。一度に2人しか散髪はできないが、中は広いし、なにより大将と奥さんの人情味あふれる店なので、散髪をしない近所の人まで寄ってきて、世間話を楽しんでいる。私がいまでも伊丹からわざわざ散髪をしにいくのも、そういう明るく自然な雰囲気が気に入っているからだ。理容店でもヘアーサロンでもなく、あえて散髪屋と書かせてほしい、そんな店である。

五ケ山での地震の被害は、さほど大きくなかったらしい。いわゆる造成地ではないので、地盤がしっかりしており、傾斜もなだらかなせいだろう。

散髪屋の建物も大丈夫で、棚の備品もほとんど落ちなかったという。しかし、店の営業に欠かすことのできないガスが1週間止まったため、その間は休業を余儀なくされた。

その1週間、散髪の仕事はできなかったが、店を訪ねて来る人はいつもより多かったらしい。大将も奥さんも、そして来てくれた人たちも、みんなでゆっくり話をするうちに、震災直後の不安な気持ちが消えて、さわやかな気分になっていった。

061
棋士になりたい
油絵展に学んだこと

日本将棋連盟の養成機関である「奨励会」は、試験に合格するだけでも並大抵のことではない。さらに、入会してからがまたたいへんだ。20歳までに初段、26歳までに四段になれなければ、退会しなければならない。奨励会試験を受けるにはプロに弟子入りして修業し、推薦されることが条件だ。

福岡県に住んでいた船越隆文さんは、小学3年生のころから将棋に熱中し、中学3年生の夏に宝塚市在住の森信雄六段に弟子入りし、奨励会試験に合格した。しかし高校2年生のときに宝塚で震災にあい、アパートが壊れ、1階に住んでいた隆文さんは亡くなった。

森信雄六段は、「天才羽生が恐れた男、村山聖」を育てた人でもある。村山聖さんは小さい頃からネフローゼを患っていたが、病と闘いながら努力を重ねてプロになり、将棋界の最高峰であるA級まで進んだ。しかし、もう少しで名人に手が届くというとき、ガンのため29歳の若さで亡くなった。村山さんは生前、「僕は、死んでも、もう一度人間に生まれたい」というメモを残していたそうである。人間ならば将棋ができる。もっと将棋がしたかったのだろう。隆文さんも同じ気持ちだったに違いない。

お母さんの明美さんは、隆文さんの死後、しばらくは何も手につかなかった。しかし半年後、「息子のことが忘れられてしまう」と感じ、隆文さんのスナップ写真を見て泣きながら肖像画を描き始め、震災2周年に福岡市内で、2003年の夏には宝塚で、個展を開いた。小学校の絵の先生で、大学時代には油絵をやっていた明美さんが描いた隆文さんの絵は、まるで命が宿っているように見える。

私の息子も森信雄六段に将棋を習っている。師匠を見ていると、弟子一人一人をものすごく大切にしておられることがよくわかる。村山聖さん、そして船越隆文さんの分までも、みんなをかわいがってくださっているのがよくわかる。

隆文さんが修業していた宝塚での個展をやり終えた明美さんからは、満足している様子が伝わってきた。

初めて知って学んだこと

062

和歌山は赤ちょうちんタイプ

阪神・淡路大震災以前の新聞に学んだこと

兵庫県の三田市にある「人と自然の博物館」を、震災後しばらくして訪れた。そこには、地震のことが詳しくわかる模型などが展示されていた。そのなかに、阪神・淡路大震災が起きる前の新聞があった。和歌山市周辺では以前から震度1～2程度の地震が頻繁に起きており、「赤ちょうちん」タイプなのだそうだ。

たしかに「和歌山市で震度1の地震が発生」という小さな新聞記事を、昔からよく目にした。「和歌山に住んでいる人は、いくら被害のない程度の地震とはいえ、これだけしょっちゅう揺れたら気味が悪いのではないか」「いつか大きな地震につながりはしないか」と思っていたのだが、この新聞によると、少しずつストレスを発散しているので大丈夫らしい。

つまり、サラリーマンで言えば、仕事でむしゃくしゃしたことがあっても、会社の帰りに居酒屋へ寄り、一杯飲んでストレスを発散しているので、大きなストレスがたまらない「赤ちょうちん」タイプ。大声でどなったり、たまにはグラスを割ってしまうこともあるけれど、それ以上は迷惑をかけることがない。

その反対に、どんなに嫌なことがあっても愚痴ひとつ言わず、居酒屋にも行かず、表面上はにこやかにしていて、よくできた人間に見える人もいる。ところが、このタイプは身体の中にストレスがどんどんたまっていって、何かをきっかけに一気に爆発してしまうことがある。そうなると、もうだれも手のつけようがなく、とことん大暴れして、すべてを失ってしまう。

阪神・淡路大震災はこのタイプだった。それまで阪神地方では、震度1の地震すら、めったに起こらなかったのだ。「関西には地震はない」と多くの人が思っていた。だれもが地震のことなど忘れていた。しかし、地下ではエネルギーがどんどんたまり、それが一気に解放された。

その新聞記事には、「21世紀の初めごろには、関西地方に大地震が発生する可能性がある」という見出しがあった。少し早くやって来たが、これぐらいは誤差にも入らない。人も地震も、ストレスをためない「赤ちょうちん」タイプがいい。

063

前日に震度1

前震に学んだこと

阪神・淡路大震災の前日、1月16日の午後6時28分に、神戸で震度1の地震があった。大阪管区気象台の観測によると、震源は大阪湾で、震源の深さは約20キロメートルと推定された。

震度1が1回起きただけで、その半日後に震度7の大地震が襲ってくると、だれが予想できただろうか。地震を研究している、気象台とは別のグループが、前夜に前震とみられる小規模な地震を4回観測しているが、これらを把握したのは本震発生後、観測データを詳細に分析してからであった。

「余震」はよく聞くが、「前震」という言葉すら知らなかった。どんなタイプの地震も、突然やって来るものだと思っていた。

もしも、大地震の前には必ず前震があり、しかも本震が近づくにつれて揺れの強さも頻度も増してくるとすれば、だれでも肌で危険を感じるだろうと思う。警戒宣言も出しやすくなる。しかし、前震の起き方はケースバイケースであり、ほとんど伴わないことも多いので、それによって本震を予知するのはまだ難しい。

1月16日の震度1の地震も、いま考えれば、翌日の大地震の前震と言えるかも知れないが、この程度の地震は日本では毎日のようにどこかで起きている。何事もなければ、気象台に記録として残るだけである。

ところで、もうひとつ、前震だったのではないかと思いたくなる地震がある。大震災の数カ月前から、兵庫県南東部の猪名川町付近を震源とした群発地震が起きていたのだ。ときには神戸市でも有感地震を観測することがあったが、大震災の1カ月ほど前に終息宣言が出されていた。

前震の起こりかたはさまざまであり、前震かどうかを見極めるのは予知と同じように難しい。小規模な地震が起きるたびに神経質になる必要はないが、「前震」という言葉を頭の片隅に入れておきたい。

064 東海地震に惑わされた

偏った情報に学んだこと

阪神・淡路大震災が起きるまでは、「関西には大きな地震はない」と思い込んでいた。そして、大地震が起きるとすれば「東海地震」と決め込んでいた。地震が起きる前から名前がついているぐらいなのだから。

毎年9月1日の防災の日には、「東海地震」を想定して、政府高官や地震の専門家が集まり、訓練のための地震警戒宣言が発表される。それだけに「東海地震」のインパクトが強かった。ここまで「東海地震」ばかりがクローズアップされると、「他の地域に大地震が起きる可能性は薄いんだ」といった印象を持ってしまっても仕方がない。

大地震にはプレート型（海溝型）と内陸型（直下型）があり、阪神・淡路大震災のときの地震は、プレート型ではなく、活断層が動いた内陸型だった。一般的にはプレート型のほうが規模が大きく、被害の範囲も広い。津波も起きやすい。しかし、震災にあった人たちにとって、そういう理論はどうでもいいことだ。実際に体験した、この世の終わりとも思える激しい揺れは、大地震以外のなにものでもないのである。

自然は気まぐれである。台風でさえ、人やコンピュータが予想したコースどおりには進まないことも多いのだ。阪神・淡路大震災によって、日本はいつどこで大地震が起きて、大きな被害が出てもおかしくないことがわかった。日本中の人が日頃から備えや心がまえをしておく必要があることも、十分にわかった。

偏った情報に惑わされることなく、しっかりと防災に関する意識を高めていきたい。

065 建物がないところは震度6まで?

「気象庁震度階級関連解説表」に学んだこと

阪神・淡路大震災では、地震発生後、数日してから神戸市の一部と淡路島の一部が震度7であったと発表された。それから数日後には、神戸市から西宮市にかけての一帯と、宝塚市の一部にも震度7が適用された。

当時はまだ、「気象庁震度階級関連解説表」により、「建物の倒壊30%以上」が震度7の目安とされていた。そのため、「いくら激しく揺れても建物のないところは震度7にはならないのだろうか?」と疑問に思っていた。震度7の発表が発生から数日も後では、救助隊などの初動体制に影響が出るのではないだろうか。古い建物と新しい建物、さらに免震構造の建物もあるのに、一律に30%でくくれるものだろうか。その他、たくさんの疑問が浮かんだ。

震災の翌年の1996年度からは、計測震度計によって、地震発生から3分後には各地域の震度が速報で伝えられるようになった。しかも計測震度計はかなりの箇所に設置されたので、ピンポイントで揺れの激しさがわかるようになった。普通は震源地から近いほど揺れは大きいと考えられるが、地盤の質や活断層の状況などによって、離れた場所のほうが被害が大きいこともあるのだ。

震度が計測震度計によって表されることになったのを受けて、気象庁の解説表の表現もかなり改められた。まず、震度は震度計による観測値であり、現象や被害から決定されるものではないことが明記された。また、建物に関する記述は、木造と鉄筋コンクリート造に分けられた。震度7の状況を説明している箇所では、「30%以上」という表現がなくなり、耐震性の高い住宅・建物でも傾いたり大きく破壊するものがある、という表現に改められた。

建物は強くなっている。あとは、あわてないことが大切だ。

066 激しい揺れから身を守ろう

「地震だ火を消せ」に学んだこと

地震が起きたらすぐに火を消すということは、ほとんどの人がわかっている。関東大震災では10万人あまりが亡くなっているが、そのほとんどは火事によってである。地震が起きた時刻が正午前で、昼食の支度をしていた家が多かったため、大きな火事になってしまった。

阪神・淡路大震災では、地震が起きた時刻からいって、まだ朝食の支度をしていた家はそれほど多くなかっただろう。それでも神戸市長田区を中心に、たくさんの家が燃えてしまった。倒れたストーブの火が燃えひろがったものもあれば、ガス管が破裂して漏れたガスに引火し、火事になったケースもあるだろう。その他、想像もつかないことが原因になっているかも知れない。

ただ、単純に揺れを感じたらすぐに火を消すのがいいかは、疑問である。阪神・淡路大震災の2年前、1月15日の午後8時6分に、震度6を記録した釧路沖地震が起きた。当然のことながら、その時季その地方の暮らしは、暖房なしでは成り立たない。ある家の人は地震が起きたとき、とっさに、そばにあった石油ストーブを消そうとして、直接ふれてしまい、やけどを負った。

阪神・淡路大震災ほどの揺れなら、身体をコントロールできないので、こういう事故にはならないかもしれない。自分の身体が飛んでいかないように、何かにしがみついているだけで精一杯である。頭の上に物が落ちてきても大丈夫なように、ふとんをかぶるのがやっとだ。しかし、いずれにしても、本震の揺れが続いているあいだは、火を消すよりも、身体を守ることが先決だ。消火は激しい揺れがおさまってからでいい。

ただし、激しい揺れの後は、家具が倒れ、ガラスの破片などが散乱している場合がある。よく見て、落ち着いて行動することが大切だ。

067 土といっしょに揺れる

「地下は安全」に学んだこと

大都市は地下が発達している。というよりも、地上は建物で埋め尽くされ、地下に追いやられた、といった表現が合っているかもしれない。

地下にいるときに地震にあったらと思うと寒気がする。その出入口がふさがっていて、脱出できないかもしれない。みんなが外へ出ようと出入口に殺到して、パニックになりそうだ。それどころか、生き埋めになってしまうかもしれない。

ところが、じつは地下は意外に安全なのだ。なぜなら、地下の建物はまわりの土といっしょに揺れるので、倒れることがない。つまり、まわりの土に支えられているのだ。

地上の建物のまわりにあるのは空気だけで、支えてくれるものがないので、激しく揺さぶられると倒壊につながる。

阪神・淡路大震災でも、三ノ宮などの地下街は、天井の崩落といったような大きなダメージは受けなかった。ただし、被害の程度は地下の構造にもよる。神戸高速鉄道の大開駅ではプラットホームのコンクリート柱が大破して、天井が崩れ、地震の直前にその駅を通過した特急電車が危うく難を逃れた。

いくら地下は安全だと言われても、停電になれば真っ暗だし、地震のときにはあまり気持ちのよいところではない。それに、火事にでもなったら、それこそ脱出に苦労する。大きな揺れがおさまったら、落ち着いて地上に出るのがいいだろう。

仁川にある実家の隣家は、鉄筋3階建てで地下室があった。地震のときの様子を聞いてみると、やはり3階がいちばん大きく揺れ、ガラスのコップがたくさん割れて、足の踏み場もないほどだったそうだ。一方、地下室は被害が少なく、棚から物が落ちたり机が移動したりといった程度で、電気が通って明かりがつくようになると、ほっとできる場所だったという。

地下にいて地震にあったときは、出口に殺到してパニックになるのがいちばん怖い。落ち着いて避難することを心がけたい。

068

六甲山は地震でできた山

山のできかたに学んだこと

神戸から車で30分ほどで行ける六甲山は、標高が千メートル近くあり、夏は涼しく、冬は霧氷やスキーが楽しめる。

その六甲山が地震でできた山だと聞いて驚いた。阪神・淡路大震災でも数センチ隆起した。こうして地震が起きるたびに少しずつ標高が高くなってきたらしい。千年に1メートルぐらいのペースだというから、現在の高さになるには百万年かかったことになる。百万年というと、とてつもなく長い時間に思えるが、46億年と言われている地球の歴史から考えると、六甲山はまだ新しい山だと言えるのかも知れない。

六甲山は東西方向に長く、いかにも南から力が加わって、どんどん押し上げられていった感じだ。そのため活断層が各所に走っている。

大きさは比較にならないが、世界最高峰のエベレスト山があるヒマラヤ山脈も、六甲山と同じように南からの強い力が働いてどんどん隆起し、東西方向に高く長い山脈を形成していった。そのため、やはり周辺には活断層が走っており、地震も多発している。

山のできかたは、その形を見ればわかる。富士山のように噴火によってできた山は、上から見ると円い形をしている。一方、ヒマラヤやアンデスを含む大きな山脈の多くは、地殻運動の圧力によって隆起した山なので、細長い形をして、急斜面になっている。

六甲山のほか、大阪と奈良の境にある生駒山、そして長野県の木曽山脈など、日本にも地殻運動によってできた山がたくさんある。

山を造るには、たいへんな力がいる。私はこれまで、いまでも造山活動を続けているのは火山、それも活火山だけだと考えていたが、それは間違いだった。地殻運動の圧力によって地面がどんどん隆起して、それが山になっていく。つまり、地震が山を造り続けているのだ。

069

10万年前まで伊丹は海

地面の隆起に学んだこと

川西市に「銀のスプーンペンクラブ」という、共同で自費出版活動をしているグループがある。川西市の元市会議員で日本ペンクラブ会員の三宅啓正さんが代表で、1987年から、年に1、2集のペースで、『銀のスプーン』を発行している。これまでの寄稿者は永六輔さんをはじめ、プロとアマ合わせて300名あまりにのぼる。

三宅さんは1995年に10集目になるのを一区切りに、『銀のスプーン』は休刊しようと考えていた。しかし、その年に阪神・淡路大震災が発生。その体験や教訓を伝え、書き残すのが務めだと、11集以降も発行を続け、被災者らの手記を募って毎回掲載している。

寄稿者のひとり、川西市の市会議員で『川西の人と歴史』（創元社）の著者である菅原巌さんは、活断層にたいへん詳しい。

菅原さんによると、「十万辻断層」という断層が、川西北部から大峰山を通って武田尾温泉につながっていて、この断層のずれによって生まれた平坦地が、古来から「道」として利用されているそうだ。

六甲山は50万年前には200〜300メートルの高さしかなかったが、20〜30万年ぐらい前から隆起が激しくなったとのこと。また、海底の花崗岩を基準にとると、六甲山頂までの高さは3000メートルになり、神戸市は富士山の山頂から3分の1あたりの高さに位置することになるという。

さらに、伊丹は10万年前までは海で、湾が入り込んでいたらしい。大地震などで間欠的に急上昇したこともあるだろうが、1年に1ミリメートルの割で隆起したことになる。

このように、地球と付き合うには千年、万年という単位で考えることが必要だ。しかも謙虚でなければならない。

070

津波から身を守る

津波注意の立て札に学んだこと

地震や大雨などによる災害のための避難所は、全国的に整備されてきたようだ。どこへ行っても学校や公民館が避難所に指定されており、電柱や街灯にその場所が表示されているのを見かける。それも、いいかげんな立て看板ではなく、うまくデザインされているので、避難所の表示だというのがよくわかる。

地震が起きると津波にも注意しなくてはいけないことは、だれでもわかっていると思うが、実際に津波にあったことのある人は少ない。だから、どの程度まで波がやって来るのか見当がつかない。3メートル以上の高さの波が来ると予想されると、大津波警報が出る。台風の高波なら10メートルを超えることもあるのに、どうしてその程度の高さで大騒ぎするのか不思議だった。しかし、風で表面の水だけが高くなる高波とは違い、津波は海底からの大きなエネルギーが伝わってくるのだ。だから、地形によっては20メートルを超えるような高さにもなる。川を何キロも逆流することもある。

静岡県清水市の三保半島にある三保ノ松原は、白砂青松と富士山の眺望で、とてもすばらしいところだ。羽衣の松から三保ランドまで1時間あまり歩くと、その海岸のところどころに、「地震が発生したら津波にも注意するように」と書かれた立て札がある。そういえば、そのあたりは駿河湾に面しており、想定される東海地震の震源地に近い。

駿河湾を震源とする大地震が発生したら、ほんの数分で津波がやって来るに違いない。海とは反対の方向に走って逃げたとしても、果たしてどれぐらい離れることができるのか気になった。

三保ランド近くにあった立て札には、「津波に注意」のあとに、津波のときの避難所であるホテルの名前が矢印つきで表示されていた。これなら、「地震が起きたときは、そこへ向かえば安全だ」という安心感が持てる。

うまく避難できる建物があればいいが、そうでないことも多い。つねに、津波用心の心がまえが大切である。

施設に学んだこと

071

被災した家を展示

野島断層保存館に学んだこと

阪神・淡路大震災では、地震の発生から間もないころ、まず震源地である淡路島北部の被害状況が報道された。建物の半数以上が全壊または半壊だ。活断層が動いたことによる地震とわかり、野島断層が地表にも表れている様子がテレビに映し出された。北淡町では活断層が約9キロメートルにわたって地表に地割れを起こし、そのずれは水平方向に最大1.2メートル、垂直方向50センチにも及んだという。

野原や田畑だけでなく、民家の敷地内をも活断層が横切っていた。家屋はわずかに離れていたため倒壊を免れたが傾いており、庭はまるで幅の広い滑り台のような坂になっている。家と庭に段差が生じてしまった。水平方向にもずれているので、塀はねじれている。活断層の真上に住んでいたとは、家の持ち主も気がつかなかったことと思う。復旧に向けてどうするか。普通なら住み慣れたところを離れたくはないので、家の修理か建て直しを考えるところだ。しかし、肝心の土地がこんな状態では、将来のことも不安になってしまうだろう。

1998年、その場所に「北淡町震災記念公園」ができた。園内には野島断層保存館があり、天然記念物として国から指定された野島断層がありのままに保存・展示されている。断層についていろいろな角度からわかりやすく解説されているため、断層運動の複雑さを詳しく知ることができる。

断層が横切っていた民家は、メモリアルハウスとして保存・公開され、地震と建物の関係が学べるようになっている。また、地震直後の台所がリアルに再現されており、食器棚が倒れて中の物が散乱している様子がよくわかる。

シミュレーションや模型を使った展示からは伝わってこない、本物の迫力を感じた。

072 食べる物がなくて死んだ人はいない

人と防災未来センターに学んだこと

震災から7年後の2002年に、阪神・淡路大震災記念「人と防災未来センター」が神戸にできた。順路にしたがって進むと、最初の「1・17シアター」でいきなり、地震により建物、高速道路、駅などが倒壊していく映像を見せられる。振動も伝わってくる仕組みだ。倒壊していくシーンは実写ではない。倒壊後の様子から推測して、模型を使って特撮されたものだ。しかし、まるで現場で撮影されたかのような生々しい映像で、その迫力に圧倒されてしまう。

2番目は「震災直後のまち」で、破壊された町並みが模型で再現されている。3番目の「大震災ホール」では、震災から復旧・復興へと至る町と人の姿を、ドキュメンタリー映像で伝えている。身近な人を亡くした悲しい気持ちが伝わってくると同時に、その分まで一生懸命に生きていこうとする人々の姿に心を打たれた。

このほかにも、展示を中心にいくつものコーナーがあるが、「防災ワークショップ」では、実験やゲームを通して、災害・防災に関する実践的な知識が身につけられる。たとえばマグニチュードが球の大きさによってわかりやすく説明されていたり、家のミニチュアを揺らして家具やピアノの倒れかたを知るといった実験ができる。このコーナーでは「震災の語り部」が耐震実験を解説を交えながら行ってくれる。免震構造の土台の上に乗っている筋交いが入った建物は、ほとんど揺れなかった。

語り部は次のようにも語った。「地震の備えで、いちばん大切なのは建物の強度です。阪神・淡路大震災では、多くの方が建物の下敷きになって亡くなりました。食料の確保も大事ですが、1日ぐらい飲まず食わずでも死にません。そのうち助けに来てくれます」。

たしかに、避難グッズを完璧にそろえていても、家が壊れて身動きがとれなければ意味がない。食べ物がなくて飢えるようなことは、阪神・淡路大震災ではなかった。

073 子どもたちにも伝わった

地すべり資料館に学んだこと

「兵庫県南部地震により発生した土砂災害のうち、最も大きな被害が出たのが仁川百合野地区です。地震の発生と同時に、二級河川仁川の右岸斜面が幅100メートル、長さ100メートルにわたり崩壊し、約10万立方メートルの土砂が仁川を埋塞するとともに、家屋13戸を押しつぶし、34名の尊い命が失われました」（資料館の資料より）

仁川は六甲山系にあり、その周辺の住宅地は斜面を開発したものが多い。私の実家もそのひとつで、見晴らしは良いが、大雨のたびにガケ崩れなどの土砂災害に悩まされ続けてきた。しかし、土砂災害というと大雨しか結びつかなかった。地震でこんな大規模な災害になると、だれが予想していただろうか。

大規模な地すべりが起こった場所に「仁川百合野町地すべり資料館」ができた。1階は

「学ぼう自然の恐ろしさ！」。研修室（放映室）になっており、ビデオを見ながら、土砂災害の恐ろしさがわかるようになっている。土砂災害の仕組みを説明したパネルも展示されている。2階は「土砂災害を防ぐ！」。展示室が2部屋あり、ジオラマ模型で地すべり対策工事の仕組みを知ることができる。

小学校の社会科見学などで、たくさんの子どもたちがここを訪れる。私も震災から7年後の2002年の春に、地すべり資料館と、その近くにある甲山森林公園に行く小学校4年生の遠足を引率した。子どもたちは地震のことをほとんど覚えていない。しかし、当時のビデオを見たりしていくうちに、かすかな記憶がよみがえってきた様子だった。

阪神・淡路大震災のあとに生まれた子どもたちが増えてきた。その子どもたちのためにも、この資料館の役割は大きいと思う。

074

関東大震災を見た

地震展に学んだこと

関東大震災80周年にあたる2003年に、東京の国立科学博物館で「地震展」があった。私は8月に見学したが、たくさんの来場者で、熱心にメモを取っている人たちもいた。夏休みの日曜日だったことや、数日前に東北地方で震度6強の強い地震があったことも影響していたと思うが、大地震を他人事ではなく、自分の身近に迫っている問題として意識する人が増えている証拠のようだ。

会場は9つのコーナーに分かれていて、シミュレーションで津波が体験できるコーナーもあった。中でも、阪神・淡路大震災と関東大震災の映像が生々しかった。

阪神・淡路大震災の映像では、コンビニの防犯カメラが捉えた商品が散乱していく様子や、大きなビルが倒壊していくシーンが映し出されていた。

関東大震災の映像は、地震発生後しばらくたってから撮影されたもので、人々が公園のような広い場所にたくさん避難していた。いたるところで煙が上がっている。道路もぎっしりと人で埋め尽くされているのだが、人ひとりが通れるぐらいのすき間が、まるで通路のように空いていて、そこを整然と歩いている人と、じゃまをしないようにきちんと座っている人の間で、ルールが守られていた。避難所となる収容施設が少ないにもかかわらず、たくさんの人が混乱もなく、落ち着いて行動しているのが印象的だった。

関東大震災と阪神・淡路大震災における地震の規模とタイプの違いもよくわかった。マグニチュードは7.9と7.3、プレート型（海溝型）と直下型（内陸型、断層型）で、プレート型の関東大震災では最大で12メートルの津波が発生していたという。

地震展では、いろいろな角度から学ぶことができた。事実を知るということによって、防災に対する意識をさらに高めることができたと思う。

075

地震の揺れを体験できる

揺れる座席の映画館に学んだこと

防災センターなどにある地震を体験できるコーナーでは、小さい揺れから震度7の大きい揺れまで起こすことができる。実際に試してみたところ、震度6ぐらいになるとかなりの強さだった。しかし、横揺れのみの施設が多く、縦揺れは経験しにくい。

遊園地にあるアトラクションのひとつに、映像を見ていると座席が揺れて、実際に画面の中の乗り物に乗っているような感覚を体験できるものがある。急発進し、水中や地中に潜り、宇宙を飛び回り、障害物にぶつかる。かなり激しい動きをするので、衝撃が大きい。きちんと座席ベルトをつけて、上映中は前にある手すりをしっかりと握っておかないといけないぐらいだ。

このときに目を閉じていると、予想もしない不規則な縦揺れと横揺れが合わさったような揺れが襲ってくる。まるで地震のようだ。震度6~7の激しい揺れが体験できる。

地震の揺れに似ている乗り物といえば、飛行機がある。晴天で風が弱ければ揺れはほとんどなく、これほど快適な乗り物はない。しかし、雨雲の中に突っ込んだときなど、気流の乱れによって縦に横にガタガタと揺れる。場合によってはエアポケットに入り、無重力のような状態になることもある。

もし偶然であったにしても、自ら体験して身につけた揺れに対する感覚があれば、いざというときに役立つのではないだろうか。

076 縦揺れも体験できる

静岡県地震防災センターに学んだこと

1976年、地震予知連絡会において、「静岡県を中心とした東海地域で、マグニチュード8クラスの大地震がいつ起こっても不思議ではない」と発表された。この地域では過去に100～150年周期で何度もプレート型の大地震が起きてきたにもかかわらず、1854年の安政東海地震のあと大きな地震がなく、エネルギーが蓄積されていると思われるためだ。これがいわゆる東海地震である。

発表から13年後の1989年、東海地震に立ち向かうための知識と装備の普及・向上、防災意識の高揚、自主防災組織の活性化を図ることを目的に、静岡県地震防災センターが開館した。広く利用してもらうため入館は無料。県外からもたくさんの人が見学に訪れ、企業もグループ単位で研修にやってくる。

2003年にそこを訪ねた。地震体験コーナーでは、実際の地震と同じような揺れを起こすことができる。横揺れだけの装置とは違い、前後・左右そして上下方向にも動く。震度6相当の下から突き上げるような縦揺れと横揺れは、阪神・淡路大震災を思い出させた。TSUNAMIドームシアターでは、大型のスクリーンに津波が沖から海岸近くまで押し寄せてくる映像が映し出され、そのあと大きな水槽の中で、実際に波が模型の家を襲う。模型には部分的に防潮堤が設けられている。防潮堤のないところは津波に飲み込まれてしまうが、防潮堤のあるところは見事に津波を食い止めていた。

大手企業の役員が3人、耐震コーナーを中心に真剣な表情で見学していた。「油断していると、たいへんな目にあうかも知れませんから」という言葉を聞いて、防災意識の高さに驚かされた。

過去の大地震に学んだこと

077 大仏さんは見ていた

鎌倉の大仏に学んだこと

鎌倉の大仏を見に行ったとき、江ノ島電鉄の長谷駅から人力車に乗った。車夫は土地のことを知り尽くしている、立派なガイドさんだ。さっそく、「鎌倉の大仏さんと奈良の大仏さんは、どちらが先にたったでしょう」というクイズを出してくれた。これは有名ないじわるクイズで、正解はもちろん「どちらも立っていません。座っています」。

ちなみに、「立った」のではなく「建った」のは、奈良の大仏が752年で、鎌倉の大仏はちょうど500年あとの1252年である（その8年前に木で作られたが、大風のため3年で倒れている）。

では、「大仏殿があるのはどちらでしょう」。これは私が車夫に出した問題だ。「どちらもです」と車夫はいとも簡単に答え、さらに「もちろん、いまは鎌倉の大仏さんに大仏殿はありません。でも、いままでに4回も作られたんです」と付け加えた。まずは木造のときに大仏殿も作られた。2回目は1252年に青銅で作られたとき。さらに1334年と1369年には大風で倒れて、そのつど復興されたそうだ。しかし1495年の大地震で津波が来て大仏殿は流出し、いまのような露仏になった。私は、津波によって大仏殿がなくなったのは知っていたが、それまで3回も建て直されていたとは知らなかった。

大仏は相模湾の由比ケ浜海岸から1キロメートルほど離れている。そんなところまで津波がやってきて、大仏殿を破壊したのである。もちろん、その間にある家など、ひとたまりもない。たいへんな被害で、死者もたくさん出た。おそらく、大仏殿を再建するどころではなかったのだろう。

由比ケ浜海岸には、「地震を感じたら津波に注意」と書かれた看板がところどころに立てられている。私が訪れたのは夏で、泳いでいる人がたくさんいたが、津波を見たことのある人は少ないだろう。しかし、大仏さんは大きな目で見ていたのである。

078 長く、ゆったりした揺れ

「稲むらの火」に学んだこと

和歌山県西部の広川町に「浜口梧陵」の像がある。1854年に起きた安政南海地震で津波が襲ってきたとき、被災者の救済や復旧に全力を注いだ人である。

地震の揺れは、瓦が飛び、壁は崩れ、塀が倒れるほどの激しいものであった。そして大津波が村を襲った。浜口梧陵は津波に押し流されたが、幸い高台に漂着して一命を取り留めた。そして梧陵は「逃げ遅れて、海に流された者がいるかも知れない」と考え、安全な場所を知らせるために道端の稲むら（刈り取った稲やワラを積み重ねたもの）に火をつけたのである。それによって9人の命が救われた。

この逸話をヒントに、ラフカディオ・ハーン（小泉八雲）は「A Living God」という英文の物語を書いた。そこでは浜口五兵衛という老人が、400人の村人に津波の襲来を知らせるため、高台にある稲むらに火をつける。「火事だ。庄屋さんの家だ」と、みんなが駆けつけた。やがて大津波が村を飲み込み、村人たちはこの火によって救われたことを知る。地震は長く、ゆったりした揺れだったので、祭りの支度に気を取られていた村人たちは気づかなかった。しかし五兵衛は、風とは反対に波が沖へ沖へと動いて、広い砂原や黒い岩底が現れるのを見て、津波が来ると感じたのだ。

ハーンがこれを書いたのは、安政南海地震から42年後の1896年。この年に東北地方で、津波によって2万2000人あまりの死者を出した明治三陸地震が起きた。長い時間、ゆったりと不気味に揺れ、津波襲来の前に潮が急激に引いたという記録がある。震度はたいしたことがなかったので、ほとんどの人は、まさに不意を突かれてしまったのである。ハーンは、この明治三陸地震のようないつもと違う揺れ、そして海水の変化があったときは、津波に注意するように、という意図で、「A Living God」を書いたと思われる。

そしてハーンの物語をもとにして中井常蔵が書いた「稲むらの火」は、昭和12年に教科書に掲載され、児童に深い感銘を与えた。防災教育の原点と言ってもよいのではないだろうか。

079

水がだんだんと膨れ上がる

南海地震の体験者に学んだこと

1946年12月21日午前4時18分に起きた南海地震は、マグニチュードが8.0で、静岡県から九州にいたる太平洋岸に津波が来襲し、高知・徳島・三重沿岸では波の高さが4〜6メートルに達した。

高知に住む元教師の市原麟一郎さんは、24歳のときに南海地震を体験した。そのときの津波の怖さを伝えていこうと、本や紙芝居に残している。

市原さんが住んでいた須崎町（現在の須崎市）は、海岸から1〜2キロ離れた山麓にあったので、津波が来るとは思っていなかった。しかし、「津波が来る！」という大きな声が聞こえたので、念のため山へ避難した。夜明けを待って家に戻ると、潮のにおいがして、家の中は浸水で畳が浮き上がり、近くには小舟が打ち上げられていた。

市原さんは南海地震を体験した100人以上から話を聞いている。この体験談をまとめた本を読むと、津波がどういうものなのかがよくわかる。

体験した人の話に共通するのは、映画のシーンに出てくるような襲いかかる波ではなく、水がだんだんと膨れ上がったようにやって来るということだ。「ムクムクと水があがってきた」と話す人もいる。

そして、水が引くときがすごい。バリバリと音を立ててそこらじゅうの物が流されていく。木や動物、そして家まで根こそぎ持っていく。鉄橋には流されたものが引っかかり、激しい渦を巻いた。

2時間半ほどで6回の津波が押し寄せたが、3回目がいちばん大きかったそうだから、油断できない。

市原さんは力説する。「被災体験が風化するのは仕方がないが、多くの犠牲者を出して得た教訓は絶対に忘れてはいけない」と。

080

左手を切断して脱出

福井地震に学んだこと

福井地震から55年目の2003年に福井市を訪ねた。市役所の方にお願いして、資料を見せてもらった。地震から50年が経過したときに、記念誌が発行されていた。写真と文から、震災当時の様子が生々しく伝わってくる。

その中に、福井市内で映画を見ていた彫刻家の話がある。地震の揺れで柱か梁のようなものが彼の左手の上に落ちてきて、動けなくなった。映画館の人が数人がかりで持ち上げようとするが重くて動かない。そのとき彫刻家は、関東大震災で、手を切断して助かった人がいたことを思い出した。左手はしびれていて、ほとんど感覚がなかったので、痛みもないだろうと、映写技師に斧で左手を切断してくれるように頼んだ。映写技師は出血を少しでも抑えるため、腕のつけ根を腰ひもで縛ったが、斧は自分で振るように言った。彫刻家は3回ほど試みたが、うまく切れなかったので、再び映写技師に頼んだ。10回ほどかかってやっと切り離すことができたが、そのたびに心臓に衝撃が走ったという。脱出するとき、映写技師は引きちぎったカーテンを包帯がわりに腕に巻いてくれた。彫刻家は、それからも立派に作品を作り続けた。

別の資料には、農作業をしていた人が地割れに転落して、挟まれて死亡したという例もあった。

福井市内にある三国町で震災にあった2人の女性から、じかに話を聞くことができた。軟弱な地盤の福井平野の中では、三国は地盤が比較的しっかりしていたらしく、被害は少なかった。しかし、5キロほど離れた芦原温泉は、建物の倒壊や火事など、被害が大きかった。2階建ての家の1階がつぶれてしまった状態のまま住んでいる人も多かった。一方、長屋はかなり古い建物でもつぶれずに残っていた。柱が多かったのがよかったらしい。さらに、直接見たことではないが、学校の先生が片手を挟まれて、手を切って逃げたという。

斧は木を切る道具だけであってほしい。

081

太平洋は円い

チリ地震に学んだこと

1960年に発生したチリ地震のマグニチュードは9.5で、20世紀最大の地震だったと言われている。津波は全太平洋に波及して、各地で大きな被害をもたらした。日本でも、およそ24時間後に、三陸海岸をはじめ太平洋岸の各地を津波が襲った。

チリは日本から見ると、だいたい地球の反対側にあり、いちばん遠いところだ。そこで発生した地震が、こんなところにまで影響を及ぼすのである。

チリ地震以前にも、遠い国で発生した地震による津波が、日本に被害を与えたことが数回あるらしい。また、チリ地震より後にも、被害こそ出ていないが、アラスカやフィリピンの近くで発生した地震により、日本にも津波が来ている。

日本海中部地震や北海道南西沖地震など、日本海で起きた地震によって日本海側に大きな津波が発生したのは、日本列島・サハリン・沿海州・朝鮮半島に囲まれている比較的せまい日本海では、エネルギーの逃げ場がないためだとされている。

太平洋は日本海とは比べようもないほどの広さだが、地図をよく見ると、チリ地震が起きた南アメリカから北アメリカまでは陸でつながっており、アラスカ半島から狭いベーリング海峡をはさんでアリューシャン列島、カムチャツカ半島、千島列島、そして日本列島へとつながっている。さらに南西諸島から台湾を経てインドネシア、オーストラリア、ニュージーランド、南極大陸へ続く。そして、南極半島は南アメリカの近くまで延びているのだ。

ということは、太平洋はとてつもなく大きな円い湖のようなもので、津波のエネルギーは他の海へ伝わりにくい。そして、日本とチリは円周上のちょうど向かいあった位置にあるので、チリで発生した津波のエネルギーは、太平洋の真ん中では分散されるものの、日本付近で再び集まり、波が高くなるのだろうか。

082

道路が噴火した?

新潟地震に学んだこと

東京オリンピックの開催を4カ月後にひかえ、日本中がオリンピックムードに沸いていた1964年6月16日午後1時過ぎ、新潟県の粟島南方沖を震源とするマグニチュード7.5の新潟地震が起きた。

アパートが倒壊し、石油タンクが長いあいだ燃え続け、新潟空港は水につかった。また、信濃川に架かる昭和大橋の橋脚が崩れ落ちた。昭和大橋は地震の1カ月ほど前にできたばかりの新しい橋だったが、耐えられなかった。近くには歴史のある万代橋があるが、こちらはほとんど被害がなかった。

新潟地震は「液状化現象」という言葉を広めた。アパートの倒壊も、液状化で土台がもろくなったのが原因とされている。

昭和大橋の近くで古くから店を開いている人に、新潟地震のことを尋ねた。40年近くも前の出来事だが、つい最近のことのように話してくれた。「道路や庭、そして家からも噴火したんです」と。新潟地震のときに噴火があったというニュースは聞いたことがなかったので驚いた。

じつは、その噴火というのは、波打った道路のあちらこちらのひび割れから、どす黒い液体が数十センチの高さで吹き上げていたというものだ。道路だけではなく、家の庭や建物のすき間からも噴出していたという。

これはまさしく、地震によって液状化現象が起きて、地面の中の水が飛び出してくるところを目の当たりにしたものといえるが、その光景は噴火と表現するのがピッタリだったのだろう。

その人はさらにこう付け加えた。「その勢いといい、遠慮のなさといい、あれはやっぱり噴火です。地震はただ揺れるだけではない、ということをよく学びました」。

083

パイロットが津波を見た

日本海中部地震に学んだこと

1983年5月26日の正午ごろ、秋田県沖を震源とするマグニチュード7.7の日本海中部地震が起きた。秋田県を中心に死者104人、全壊した建物は約1000戸で、ほとんどが津波による被害だった。

それまで私は、日本海側では津波は起きないと思っていた。同じように思い込んでいた人が多かったことが被害を大きくしたのかもしれない。「大津波警報」という言葉を聞いたのも、このときが初めてだった。

そのとき私は、正午のNHKニュースを見ていた。そろそろ終わりというころに地震のニュースが入り、地震情報が流され、すぐに津波警報が伝えられた。

そのあと、たまたま現地で取材をしていたカメラマンが、地震の映像を生々しく伝えてきた。電線が大きく揺れている。道を歩いていた人が思わずうずくまり、そのこわばった表情が映し出された。どこへ逃げたらいいのか右往左往している人もいた。

しばらくして、秋田県の沿岸付近を飛行していた旅客機のパイロットから、「白い波が海から陸に向かって押し寄せてくるのが見えた」と、津波がまさにいま、そこに迫って来ていることが伝えられた。

数日後、高い場所に避難していた人がビデオカメラで撮影した津波の映像が、テレビで流された。画面は少し乱れていたが、そこに写っている津波は、風による波とはまったく違うものだった。カメラの近くにいた子どもの「すごい！」というこわばった声が入っていた。

兵庫県にある浜坂町の漁師さんに聞いた話だが、津波注意報が出ていた浜坂の海岸にも津波が来て、漁ができず、しばらくの間は魚の様子もいつもとは違っていたという。

084

天災は忘れないでもやって来る

北海道南西沖地震に学んだこと

阪神・淡路大震災が起きるまで、関西には大地震は起きないと思っていた。「天災は忘れた頃にやって来る」という言い伝えは知っていた。でも、これは「自分が過去に経験したことを月日が経つにつれて忘れてしまった頃に」という意味だと思っていた。しかし、自分の経験など、ほんのわずかなものである。何世代も前の出来事を知っておく必要があることがわかった。

阪神・淡路大震災のことを、私は絶対に忘れない。あのことは痛烈に頭に残っている。しかし何年、何十年も経つと、徐々に記憶が薄れるかもしれない。子ども、孫、そして曾孫のころにはすっかり忘れてしまって、「関西は地震がないところ」と思うようになる。そんなことにはなってほしくない。

1983年に日本海中部地震が起きたとき、被害のほとんどは津波によるものだった。それからおよそ10年後、北海道南西沖地震があった。地震と津波で200人あまりが亡くなり、たくさんの家が火事で焼け、津波で流された。

日本海中部地震が起きるまでは多くの人が「日本海には津波はない」と思っていた。日本海側に住んでいるかなり年配の方に話を聞いてみても、「過去に津波は一度も経験したことがない」と言われた。なのに、それからわずか10年で、津波が再び大きな被害をもたらしたのだ。北海道南西沖地震の被害を伝えるアナウンサーが言った。「天災は忘れないでもやって来る」。

阪神・淡路大震災では野島断層という活断層が動いたとされている。この断層の活動によって大地震が起きる割合は2000年に1回ぐらいだという。「だから阪神地方はあと2000年は大丈夫」と思ってはいけない。天災は覚えていてもやって来るのだ。つねに防災意識を持ち、災害への備えを怠らないことが大切である。

085

沖へ避難しろ

漁師さんに学んだこと

1993年7月の北海道南西沖地震では、奥尻島を中心に大きな被害が出た。とくに青苗地区では、火災と津波によってほとんどの建物が大きなダメージを受けた。電線に絡みついた海藻が、かなり高いところまで海水が上がってきたことを物語っていた。

地震から約10年後の2003年2月に、江差の漁師さんを訪ねた。江差は奥尻島よりも震源地から少し離れた、渡島半島の日本海側に位置する。ニシン漁でにぎわったところだが、現在はコンブ漁が中心だ。漁港には10隻ほどの小型船があり、冬でも波が高くないときには、朝早くから漁に出かけていく。

地震から10年が経っていたが、つい昨日のことのように話してくれた。

地震が起きたのは午後10時すぎだったが、漁師の中に地震や津波に詳しい人がいて、

「これはただ事ではないので、すぐに舟を沖へ避難させるように」と知らせてくれた。暗い中で、みんなてきぱきと舟を出していった。

それからしばらくすると、まず漁港から海水が引いていった。その後すぐに津波が押し寄せ、漁港のすぐ上を走る国道228号線を越えて、一部は民家まで達した。それを何回か繰り返している様子を沖から見ていると、もどかしい気持ちにもなったが、漁港へ近づくわけにもいかず、早く波がおさまることをひたすら祈った。

フェリーなどの大きな船には被害がなかったが、防波堤に停めてあった数十台の自動車が波にさらわれて海に沈んだ。

幸いなことに江差では、人的な被害はほとんどなかったという。建物の一部に亀裂が入ったり、道路が少し波を打ったような状態になったが、その程度のダメージですんだ。江差と震源地の中間ぐらいに奥尻島がある。奥尻島が津波のエネルギーをかなり吸収してくれたのかもしれない。しかし何よりも、地震発生後の正確な状況判断が、被害の拡大を防ぐことにつながったように思えてならない。

086 築100年の建物は無事

芸予地震に学んだこと

阪神・淡路大震災から6年後の2001年3月24日に、安芸灘付近を震源とする大きな地震（芸予地震）が起きて、広島県や愛媛県を中心に、たくさんの被害が出た。

愛媛県の道後温泉は日本最古の温泉といわれ、『万葉集』や『源氏物語』にも名前が記され、3000年の歴史を誇っている。

夏目漱石がよく利用したことで知られ、「坊っちゃんの間」もある道後温泉本館は、1894年に約20カ月の工期をかけて建てられた三層楼の壮大な建物で、だれもがしばらく見とれてしまう。築後100年を迎えた1994年に、国の重要文化財の指定を受けている。

この地方は過去に何度も地震があった。地震によって温泉の湧出が途絶えたことも度々で、その復活を祈願した湯神社がある。

道後温泉がある松山市は、芸予地震で震度5強の揺れがあり、いくつかの旅館の建物が損傷したが、道後温泉本館は被害がなかったという。

案内してくださった方のお話によると、どれも同じように見える柱でも、北側と南側では違う場所で育った木が使われているそうだ。つまり、北側には太陽があまり当たらないところで育った寒さに耐えられる木を、南側には太陽がよく当たるところで育った暑い日差しにも耐えられる木を使うことによって、100年が経過してもしっかりした状態が保たれている。こうした、目には見えないところに注がれている力が大きいという。

松山城では、地震のため登山道の一部が一時通行止めになったが、それ以外にたいした被害はなかった。たしかに天守閣の太い柱を見ていると、敵が攻めてこようと地震が攻めてこようと、びくともしないように感じた。

芸予地震のマグニチュードは6.4で、阪神・淡路大震災や鳥取県西部地震の7.3より小さいが、死者が2人、住宅にもかなりの被害が生じた。その中で、昔の建物の強さが目を引いた。

087

余震が本震を上回った？

宮城県北部の地震に学んだこと

2003年7月26日午前0時13分に、東北地方を中心に広い範囲で地震があり、宮城県北部で震度6弱を観測した。ところが、それから7時間後の7時13分に、ほぼ同じ場所で震度6強の激しい揺れを観測。この時点では、余震が本震を上回ってしまったのかと思われた。さらに午後4時56分には、また震度6弱の揺れが襲った。震度6が一日で3回も観測されたのだ。気象庁は1回目を前震、2回目が本震、3回目は余震と発表した。

震度6弱という大きな前震は、それまで聞いたことがなかった。阪神・淡路大震災のとき前日に起きた前震は、わずか震度1だった。ほとんどの人は揺れに気づかなかったぐらいだ。

震度6弱の大きな余震というのも、そのとき初めて聞いた。阪神・淡路大震災の場合は、本震は震度7だったが、余震は最大で震度4だった。

宮城県北部で起きたこの地震のエネルギーは、阪神・淡路大震災の30分の1ぐらいだったらしいが、地震の加速度は阪神・淡路大震災の最大818ガルに対し、約2.5倍の2037ガルを記録した。

なお、この地震は活断層によるものだったが、阪神・淡路大震災を引き起こした野島断層のようなよく知られた断層ではなかった。そして、地震を起こす活断層であると、はっきりとは認識されていなかった。

大きな地震が起きた後は、多くの人が不安になり、「今度はもっと大きな地震が来るのではないか」と思ってしまう。いくら「余震が本震より強く揺れることはありません」と言われても同じだ。宮城県北部の地震では、まさにその不安が適中してしまった。

地震にはいろんなパターンがあり、それまでの常識が覆されることも多いということを、あらためて痛感した。

088 人形は平気な顔をしていた

地下の喫茶店に学んだこと

２００３年9月26日に発生した十勝沖地震では、行方不明者が２人（津波にさらわれたと思われる）、そしてＪＲ根室本線を走っていた特急「スーパーおおぞら」が脱線してケガ人が出たのをはじめ多くの人が負傷し、建物もたくさんの被害を受けた。

十勝沖では１９６８年にも地震が起きているので、わずか35年しかたっていないのに再び起きたことになる。さらに調べてみると、１９５２年にも十勝沖地震が同じ震源域で起きている。プレート型地震の発生は１００～１５０年周期と言われているにもかかわらずである。地震調査委員会はある程度、想定していたらしいが、地震はいつやって来るかわからないと、あらためて実感した。

釧路駅前の地下で喫茶店を営んでいる方に話を聞いた。

「私の家はマンションの6階にあります。地震発生時刻が午前4時50分でしたので、よく寝ていましたが、激しい揺れですぐに目を覚ましました。家の中の物は、ほとんど倒れたり落ちたりして、足の踏み場もありませんでした。壁にもひびが入り、一瞬にしてひどい状態になりました」。

すぐに店のことが頭に浮かんだ。コーヒーカップや皿、そしてガラスのコップがたくさんある。さらに悲惨な状態を想像したという。

「明るくなり始めたので、さっそく店へ向かいました。地下なので、埋もれていないかが心配でした。余震の続く中、階段をゆっくりと降りていきました。店の入口を開け、中を恐る恐る見回しました。ところが、意外にも普段の様子と変わりないのです。さらに詳しく食器棚やレンジ付近を調べましたが、なんともありません。カウンターに置いてあったマスコット人形も、そのままの状態でした。まるで何事もなかったように。それどころか、人形の表情がいつもより穏やかに感じられたので、こちらも落ち着きを取り戻すことができました」。

そのマスコット人形は、これからもずっとそのカウンターに置いておくつもりだという。

089

震度計のデータが送られてこない

新潟県中越地震に学んだこと

２００4年10月、新潟県中越地方で大きな地震があり、30人あまりの人が亡くなり、避難した人は10万人を超えた。台風の後だったこともあり、がけ崩れも多かったが、土に埋まった自動車から奇跡的に救出された子どもの姿を見て、ほっとする場面もあった。土砂崩れで水がせき止められて天然のダムができ、家が水没していく様子には、なんとか水路を作ってあげたいという気持ちになった。

新幹線は開業以来初めて、営業運転中の脱線事故が起きた。下りの「とき」が時速約２００キロで走っていての脱線だったが、けが人が一人も出なかったのが不幸中の幸いだ。その理由としては、旧型の車両で車体が重いため転覆を免れたことや、運転本数が少ない区間だったので上り列車との衝突が回避できたこと、そして乗客が比較的少なかったことによると考えられている。

この地震では、川口町で震度7を観測した。震度7は阪神・淡路大震災以来で、しかも震度計での記録は初めてだ。しかし、それが発表されたのは、地震から1週間後だった。川口町は建物の倒壊が被災地の中でも最も多く、停電などでデータが送られなかったらしい。

本震の直後に最大震度は6強と発表されたが、そのときすでに、川口町や山古志村などのデータが送られてきていないことが報道されていた。震源地から少し離れた小千谷市や小国町で震度6強なのだから、ほぼ震源地である川口町や山古志村ではそれを上回る揺れであるに違いないと感じたのは、私だけではないだろう。

最大震度6強と7では、与える印象もかなり違うし、初動体制も異なってくると思う。データが送られてこないのはどういうことか、周辺地区の震度を上回っている可能性がある、と判断すべきだったのではないかと思う。

090

私の家が見えた

空の交通に学んだこと

阪神・淡路大震災では、鉄道や道路がいたるところで寸断され、神戸港も大きなダメージを受けた。しかし、伊丹空港は無事だったので、代替輸送手段として飛行機がかなり活躍した。

2004年度の高校の同窓会で、まもなく10年になる阪神・淡路大震災のことが話題になった。同窓会の会長は地震発生時、石川県の和倉温泉に旅行していた。どうしてもその日のうちに大阪へ帰らなければならなかったが、列車がすべてストップしている。とっさに、空路で帰ることを思いついた。最寄りの小松空港から伊丹への直行便はないので、いったん羽田空港まで行き、そこから伊丹へ向かうことにした。素速い判断が功を奏し、航空券はすぐに取れたという。東海道新幹線も止まっていたので、もう少し遅かったら羽田から伊丹への便が満席になるところだった。

新潟県中越地震でも、上越新幹線が不通になったので、航空機が活躍した。羽田・新潟間に航空各社が臨時便を出したのである。

地震から3週間たっても全村民が避難していた山古志村では、まだまだ道路の復旧には時間がかかるので、小中学生がヘリコプターに乗り、空から自分たちが住んでいたところを見た。ある小学生は「思ったよりひどかった。家や道路は壊れて、土砂崩れの現場を見たときはショックで、悲しかった」と話していた。しかし、どの子も「思い出がいっぱいの村に早く帰りたい」と言っており、「自分たちで村を立て直してみせる」といった表情にも見えた。

悲惨な状況ではあったが、空から現実をしっかりと見ることができて、次へのステップを踏み出す覚悟ができたのだと思う。

さまざまな気象に学んだこと

091

運動場に突然、渦が

つむじ風に学んだこと

学校の運動場で、風が回っている光景を見たことのある人は多いだろう。

2000年9月の晴れた日、運動会の練習をしていたら、やたらと暑い。熱気で土が乾いて、砂漠のようだ。上昇気流が起きる条件がそろっていた。午後1時ごろ、私は小学校の運動場を掃除していた。そろそろ後かたづけの時刻だろうかと、校舎の時計を眺めたとき、運動場の中央に突然、渦を巻いた空気の流れができ、落ち葉や砂を激しく巻き上げながら、20秒ぐらいで運動場から外へ移動していった。

以前にも一度、同じような渦を見たことがあったが、そのときは紙切れがゆっくりと回っているだけで、移動する速さも人が歩くのと同じぐらいだった。下校中の子どもたちが、わざと渦の中に入り、はしゃいでいた。

それにくらべると今回の渦は規模が大きい。人を吸い上げてしまうほどではないと思うが、テントがあれば飛ばしてしまうほどの勢いはあった。

実際に九州の小学校では、運動会の真っ最中に渦が現れてテントを直撃した。テントは数十メートル飛ばされて、走っていた子どもたちや見ていた人に当たり、けが人が出ている。

いずれも天気のよい日に下から上へ向かって渦を巻いているので、竜巻ではなく、つむじ風だ。しかし、突然このような渦が近づいてきたら、人々はとまどう。逃げ込む場所がなく、飛ばされそうな物が近くにあったなら、なおさらだ。小さな子どもだと危険性はさらに増す。

竜巻は、低気圧や前線が接近してきたときによく発生する。とくに台風が近づいてきたときに、各地で竜巻が起きている。竜巻で被害が出た上に、すぐに台風本体による暴風雨で、さらに被害が拡大することになる。たまったものではない。

092 しけは天国、霧は地獄

霧笛に学んだこと

海が荒れて、風が強く波が高いときは、船に乗る人はたいへんだろうな、とだれでも思う。しかし、船乗りにとっては、それよりも波は静かでも霧で見通しがきかないときが、いちばんやっかいだという。「しけは天国、霧は地獄」とも言われていて、悪天候で船が大揺れの状態を天国と表現するくらい、霧は怖いものなのだ。

同じようなことは陸上でも言える。たとえばスキー場で吹雪になると、顔は雪やあられが当たって痛いし、強風で思うように滑ることができない。寒さが身にしみてきて、とてもつらい。しかし危険なのは、風や雪よりも、霧がかかって前が見えないときだ。コースはよくわかっているつもりでも、そこから外れそうになる。急に人が現れて、ぶつかることもある。

「霧の摩周湖」という歌にもあるように、北海道の南東部は海霧が上陸して、白いベールに包み込まれてしまうことが多い。その地方の海岸近くでは、防風林ならぬ防霧林が霧を薄めている。また、襟裳岬灯台にはいまでも霧笛が設置されており、霧が発生している日にも船が安全に航行できるように、大きな音を鳴らして注意を促している。観光シーズンの6~8月頃は風向きなどの関係でいちばん霧が発生しやすい。そのため太平洋を見渡せることは少ないが、霧笛の音に浸るのもいいだろう。

霧は、あらゆる交通の障害になっている。飛行場では、ドライアイスやヨウ化銀をまいて、人工的に霧粒を雨滴にする研究もされている。中国の北京に旅行したとき、関西空港を飛び立ってしばらくして機長から、「北京空港の天気はただいま霧で、もしこのまま霧が晴れないときは関西空港へ引き返すこともありますので、あらかじめご了承ください」と、淡々とした口調で案内があった。同じような経験をされた方も多いだろう。ハイテクの最前線とも言える航空機でも、霧には脱帽なのである。

霧はそこに何があるのかがわからない。予想がつかない怖さがある。その点では、いつ起きるかわからない地震に似ているのかも知れない。

093 温帯低気圧で台風並みの被害

気象予報士に学んだこと

2003年の10月に、1002ヘクトパスカルの小さな低気圧が、九州南部から四国、紀伊半島、東海、そして関東を通過した。和歌山市では1時間に90ミリの雨が降り、「短時間大雨情報」が出された。関東でも1時間に60ミリを超える雨。茨城県では突風によってクレーンが数台倒れ、死傷者も出た。横浜市では秒速30メートルを超える強風を観測している。九州では竜巻が通過したような建物の損傷があり、各地でかなりの被害が出た。また、その前日には、鳥取県で行われていた駅伝レースの最中に、熱中症で12人が倒れている。鳥取市で最高気温30度を記録するなど、真夏並みの暑さになっていた。

この低気圧はコースや形からして、温帯低気圧ではなく、まさに熱帯低気圧のように見える。10日9時の天気図を見る限りでは、沖縄の南東海上にあり、中心を折れ曲がった前線が通っている。これは温帯低気圧の形であり、気圧も1006ヘクトパスカルであった。それが12時間後には北へ移動して前線から離れ、気圧は998ヘクトパスカル、形も円くなった。その時点の天気予報では、気象予報士が「これは普通の低気圧ですが、今後、発達して台風になる可能性もあります」と、なんとなく遠慮がちに説明していた。

秋雨前線がそのすぐ北にあり、低気圧が北上するにつれて前線も北上した。駅伝があった日には日本海まで上がっており、鳥取は太平洋高気圧の勢力圏に入っていた。その後、低気圧は台風にはならなかったが、北から北東方向へ進路を変え、速度も徐々に上がっていった。これは台風や熱帯低気圧のコースと速度である。また、円い形も持続したままだった。

このように、コース、速度、形、前線を押し上げて気温を上昇させる、前線を刺激しての大雨、竜巻のような突風など、熱帯低気圧だったことをうかがわせる。

低気圧が去った後、天気予報は「熱帯低気圧の性質を持った低気圧だったので、激しい気象現象が起きました」と伝えた。

台風になる可能性を遠慮がちに指摘していた気象予報士は、「これは普通の低気圧ではなく、熱帯低気圧だ」と考えていたのかもしれない。

094

大雨は山沿いだけ？

1時間に100ミリの雨に学んだこと

阪神地方は瀬戸内の気候で、一年を通して雨が少ない。それは、冬の北西からの季節風は中国山脈を越えてくるので乾燥しており、夏の南東風は紀伊山脈からの吹き降ろしの風になるためだ。台風が接近してきて、三重県の尾鷲で降り始めからの雨量が300ミリ、同じく大台ケ原では800ミリを超えるような大雨になっているときでも、大阪や神戸ではわずか数ミリしか降らないことが多い。

しかし、ときには信じられないことが起きる。平成元年の夏の朝方、阪神地方に集中豪雨があり、尼崎市で1時間に120ミリ近い雨が降った。

私が住んでいる伊丹市でも、雨が降り出したと思ったら、すぐに雷を伴ってどしゃ降りになり、まるで滝の中にいるようだった。1時間もたたないうちに、家の前の道路が川のようになってしまった。水深は10センチぐらいだった。しかし、家から100メートルほど北へ行ったところでは、水深が1メートル近くになっていた。そこはまわりより低くなっていて、しかも片側は石垣、もう一方は小さな川である。すぐ横には住宅が密集している。マンホールのふたが外れて、水が上に向かって吹き出していた。おそらく雨水の排水が追い付かなくなったのだろう。子どもどころか大人でも流されそうになってしまう。

近くの武庫川も、もう少しで氾濫する、というところまで水が上がってきた。あと30分ぐらい大雨が続けば、危ないところだった。

昔、武庫川は「人取り川」とも呼ばれ、大雨でよく氾濫し、多数の犠牲者を出した。阪神地方は海（瀬戸内海）と山（六甲山）が目と鼻の先にあり、ひとたび大雨が降ると六甲山の急斜面を一気に水が流れ落ちるのだ。

ふだんはあまり雨の降らないところでも、ときにはバケツをひっくり返したような雨が降る。慣れていないだけに、大きな被害につながることもある。油断は禁物だ。

095

ひょうで通行止め

除雪車に学んだこと

天気予報が「1ミリ以上の降水確率は……」と伝えるとき、この降水は雨だけとは限らない。雪はもちろん、みぞれやあられ、そして「ひょう」もある。

みぞれやあられは気温が零度近くまで下がったときしか降らないが、ひょうは気温が高くても降る。真冬よりもむしろ5月ごろがいちばん降りやすい。これは上空に冷たい空気が入り積乱雲が発達しやすい時期だからだ。8月に、雷雨に混じって降ったこともあるという。

東京や大阪などの大都市でも、たまに降ることがある。2002年の5月には伊丹や尼崎にひょうが降り、農作物にかなりの被害が出た。

ひょうは農作物だけでなく、ときには人にも直接、被害を及ぼすことがある。氷の粒の直径が5ミリ以上のものをひょうと言うが、ピンポン玉ぐらいの大きさになると、当たってケガをすることもある。中国では亡くなった人もいるのだ。1963年には埼玉県の大里郡で、野球ボール大のひょうが降ったという記録がある。

2001年5月、日本上空に冷たい空気が入ってきて不安定な気圧配置になり、全国的に積乱雲が発達して広い範囲で雷雨、ところによってはひょうが降った。とくに東北地方南部から関東地方北部にかけては、まとまった量のひょうが降った。磐越自動車道は山沿いで約20センチ積もって通行止めになり、除雪車によって雪かきならぬ「ひょうかき」が行われた。磐越自動車道を管理しているところの話では、20センチも積もったのはめずらしいが、ひょうを取り除く作業はときどきあるという。

096

冬型気圧配置と降水量

気象ニュースに学んだこと

阪神・淡路大震災以降、震度3以上の地震が発生した場合は、3分以内でテレビが全国各地に速報してくれるようになった。震度1や2でも、地元では10分ぐらいでテロップを流してくれる。震源地や各地の震度、そして津波があるかないかも、すぐにわかるので安心だ。

地震だけではなく、気象に関するニュースの量が多くなったような気がする。毎年、冬型の気圧配置になるたびに、それがニュースとして伝えられる。たしかに千島付近では低気圧が猛烈に発達して、海上は広い範囲で大しけになる。ある冒険家が力を込めて話していた。「台風なら暴風域がそんなに広くない。しかし、冬の千島近海の発達した低気圧はあまりにも勢力範囲が広く、避けられないので、身の危険を何度も感じました」。

北西の季節風が強く、日本海側は雪で太平洋側は晴れというのが、典型的な冬の天候だ。新潟県の山沿いなどの豪雪地帯では、毎年のように3メートルを超える積雪になる。太平洋側に住んでいる人にとっては信じられないことかもしれない。あるテレビ局では、「新潟県の山沿いのある村では、4メートルを超える雪が降りました」と報じたあと、目盛りのついたポールをスタジオに立てて、その高さに驚いていた。

太平洋側でも、風の強さや向きなどによっては、積雪が観測されるくらいの雪が降ることはある。東京の年間降雪日数の平均は10日、大阪は16日である。大阪のほうが多いのは、冬型のときに、にわか雪が降る割合が高いからだ。東京では季節風が3000メートル級の山を越えてくるので、雪雲はほとんど消えてしまう。一方、大阪の場合は山の高さが1000メートルあまりしかないので、雪雲の一部がそのまま流れてくるのだ。

最近は暖冬傾向で、日本海側でも雪が少なくなってきているようだ。地元の人たちにとってはうれしいことかもしれないが、ちょっと寂しい気もする。

097 道路にきれいな模様ができた

土の温かさに学んだこと

ここでクイズをひとつ。「舗装された道路のすぐ下を鉄管が何本か通っています。どこに鉄管があるか、どうしたらわかるでしょう。ただし道路をたたいたり、もちろん掘り返したりしてはいけません」。

正解は、「雪がうっすらと積もったときに道路を見る」である。

以前、雪が降ったあとに外を見たら、道路にきれいなしま模様ができていた。一定の間隔で白くて太い直線を引いたように、雪化粧していたのである。つまり、積雪のある部分の下を鉄管が通っているのだ。

なぜそうなるのかというと、鉄管の中は空洞なので冷たく、雪は溶けないで残り、土の部分は温かいので雪は溶けてしまうのである。橋の上が積雪しやすいのも同じ理由だ。高速道路はほとんどが橋みたいなものだから、雪の影響を受けやすい。

地熱という言葉をよく聞く。地球の中心の温度は数千度で、地殻の底（深さ約30キロメートル）でも数百度になっているという。その熱量は膨大なものだ。では、その温かさは直接、肌で感じられるだろうか。雪のしま模様を素手で触ってみた。たしかに、積もっているところはとても冷たく、積もっていないところはそれほど冷たくない（?）。そんな気がした。

いずれにしても、肌で感じられないほどの温度の違いが、道路に積もった雪を見てはっきりとわかったのは、とても感動的だった。

なお、実際にこのきれいなしま模様が見られるのは、気温が1度くらいのときだけである。それより高いと雪は鉄管の上にも積もらず、低いと全面に積もってしまうのだ。

098 細かい天気情報を知る

交通情報に学んだこと

車を運転する人にとって、天気は気になる。とくに冬の間は、積雪状況が運転を大きく左右する。

最近の天気予報は、局地的で細かく時間を区切った情報も提供してくれるようになっているが、その回数はまだ少ない。

それに比べると、交通情報はラジオで頻繁に放送されている。とくに高速道路の状況を詳しく伝えてくれる。雪のため最高速度が制限されている区間、タイヤチェーンなどの滑り止めが必要な区間、通行止めになっている区間など。

雪による規制の状況を聞くことによって、積雪や降雪の範囲がとてもよくわかる。私の住んでいる兵庫県は、南北方向に舞鶴若狭自動車道が通っている。「西舞鶴と丹南篠山の間が雪のため通行止めで、丹南篠山と三田西の間は50キロの速度制限をしています」という交通情報が流れたとすると、「兵庫県の北部から中部あたりまで積雪があり、そこから三田市まで積雪はないが降雪があるようだ」とわかる。

伊丹で雪が降ると、少し北の宝塚では積もっていることもある。しかし、雲の写真を見ても、気象レーダーやアメダスによっても、積雪の状況まではわからない。そういうとき交通情報を聞くと、中国自動車道の宝塚インター付近が速度制限ぐらいなら、降雪はあるが積雪にはなっていないとわかる。もし通行止めになっていたら、積雪があると思っていい。

道路の規制は刻々と変わっていく。近くを通る高速道路で、西のほうから雨による規制が始まり、それが近づいてきたら、もうすぐ激しい雨が降り出すだろうと予想できる。

交通情報は車の流れだけではなく、それ以外にもたくさんの生の情報を刻々と伝えてくれる。運転中はもちろん、家にいるときにも大いに利用して、暮らしの情報として役立てていきたい。

099

野球はやっぱり外がいい

高校野球の応援団に学んだこと

私はスポーツの中では野球が好きだ。回の表と裏で、攻撃と守備がはっきりしているのがいい。そこで繰り広げられる駆け引きが面白い。そして、ピッチャーが次の球を投げるまでの間の緊張感が何とも言えない。

もうひとつ野球が好きな理由は、不思議に思われるかも知れないが、天候に影響されることだ。たとえば風向きである。これによって打球の飛距離が大きく変わる。バッターにとっては、引っ張るか流すかを判断する材料のひとつになる。ピッチャーも風を計算に入れて投げるコースや球種を決めなければならない。

いちばん気がかりなのは、やはり雨だろう。試合が行われるかどうかも心配だが、試合の途中で雨が降ってきて続行が不可能になった場合、何回まで進んでいるかによって中止かコールドゲームかが決まるので、それをめぐる駆け引きもある。

スポーツはやはり外でするのがいい。太陽の光や風にふれることができ、土からはいい香りがする。天候がくずれて困ることもあるが、それ以上に自然から得るものが多い。

以前に高校野球のテレビ中継を見ていたとき、途中から雨になった。選手はベンチに引き揚げたが、応援席にいる高校生は引き揚げる様子がない。ブラスバンド部など、一部の人たちは雨のかからないところに避難していたが、残った人たちの応援は雨が激しくなるのに比例して、ますます元気になってきた。一塁側、三塁側ともにである。グラウンドには誰もいない。しかし、ベンチの選手が、そして熱心な多くのファンが、ヤキモキしながら再開を待っている。雨の中の活気ある応援で、彼らの気持ちが和らげられる様子が、ブラウン管を通して伝わってきた。

時代の流れでドーム球場が増え、台風など、よほどのことがなければ試合は中止にならなくなった。高校野球の応援スタイルも変わっていくかも知れない。でも、あのときの雨の中で見せてくれた応援の活気は、これからも伝え続けてほしい。

100 雨で中断した野球放送を楽しむ

スポーツ中継のニュース性に学んだこと

見ていた野球中継が雨のために一時中断したとする。そのとき、あなたならどうするだろうか。

- テレビをすぐに消す
- チャンネルを変える
- 試合が中止になるか再開されるかはっきりするまで、そのまま見続ける

私は迷わず見続ける。

いつ試合が再開されるかわからないので、その瞬間から見逃したくないという理由もあるが、選手や応援している人たちの様子など、中継しているアナウンサーやスタッフが臨機応変に伝えてくれる生の映像にニュース性を感じるからである。いつもはあまり見られ

ないところを見ることができるのもいい。

サッカーの試合は大雨でも行われる。以前にテレビで見たサッカーの試合も、激しい雨だったが予定通り進められていった。しばらく見ているうちに、天候はさらに悪化し、雷が鳴りはじめ、光とほぼ同時に大きな雷鳴が響いた。サッカー場のポールに落雷したらしい。さすがに、安全面を考えて試合は中断された。天候で中断されたのは初めてだったらしいが、私もホッとした。

アメリカのある野球場では、雷を伴った激しいにわか雨がしょっちゅう降る。テレビで大リーグの野球中継を見ていたときのことだ。黒い雲が空一面に広がったと思ったら、雨がポツポツと降り始めた。すぐに試合が中断され、係員が15人くらい横一列に並んだかと思うと、手際よく大きなシートでグラウンド一面を覆っていった。あっという間の早業だった。その直後から激しい雷雨になり、判断の良さに感心した。お客さんは慣れた様子で試合の再開を待っている。ガムを噛んだり、雑談をしたりで、表情にも余裕が感じられた。1時間ほどで雨は上がり、シートはまた、いとも簡単に片付けられた。その係の人たちの表情が気持ちいいほど清々しく、天気と同様、見ているこちらの心も晴れ晴れとなった。

●参考文献

『棋士になりたい』船越明美著、葦書房（1996年）
『地震なんかにまけないぞ』鹿島和夫編、理論社（1998年）
『遠くから地鳴りがする』市原麟一郎著、リーブル出版（2002年）
『阪神大震災全記録』毎日新聞社編（1995年）
『阪神大震災―報道写真全記録』朝日新聞社（1995年）
『阪神大震災―朝日新聞大阪本社版紙面集成』朝日新聞社（1995年）
『せまり来る巨大地震』竹内均編、ニュートンプレス（2001年）
『世界大百科事典』平凡社（1988年）
『銀のスプーン』（各集）三宅啓弘編、銀のスプーン発行所
『川西の人と歴史』菅原いわお著、創元社（2001年）
『気象と音楽と詩』股野宏志著、成山堂書店（2000年）
『大震災100日の記録―兵庫県知事の手記』貝原俊民著、ぎょうせい（1995年）
『新たな防災教育の充実に向けて　九年目の取組』兵庫県教育委員会（2004年）
『毎日新聞』毎日新聞社
『聖の青春』大崎善生著、講談社文庫
『天才・羽生が恐れた男　聖』山本おさむ著、小学館

●取材したところ

和歌山県庁
広川町教育委員会
兵庫県立尼崎工業高等学校
宝塚市役所
宝塚市教育委員会
宝塚市立売布小学校
宝塚市立末成小学校
福井市役所
日本新聞博物館
国立科学博物館
静岡県地震防災センター
仁川地すべり資料館
人と防災未来センター
野島断層保存館
人と自然の博物館
鎌倉大仏
ＮＨＫ
ＦＭ伊丹
ＪＲ西日本
ＪＲ東海
阪急電鉄
阪神電気鉄道
神戸高速鉄道
道後温泉本館
えびす屋・鎌倉
売布カメラ
法島理容所
マッサージ山崎
大阪王将・西野店
宝塚ファミリーランド
奈良ドリームランド
森信雄将棋教室
船越明美油絵展（ピピアめふ）

おわりに

2004年9月、東南海地震の前兆のような地震が起きて、三重、和歌山、奈良を中心に震度5弱の揺れが観測され、津波も発生しました。

私はそのとき、滋賀県の南部で鉄道OBを中心とした会に出席していました。ちょうど夕食時、鍋を温めるための固形燃料に火をつけたときだったので、みんなびっくりしました。すぐにテーブルから離れる人、コップの水やビールをかけて火を消そうとしている人、「もうちょっと様子を見よう！」と叫んでいる人など、20人あまりの会場はしばらく騒然としていました。

このときの揺れは船に乗っているような感じで、阪神・淡路大震災やその後に起きたいくつかの地震とは違った揺れ方でした。いままで経験した直下型ではなく、震源地が海だったからでしょうか。

阪神・淡路大震災のときのような、速い揺れも怖いものですが、ゆったりとした揺れも別の怖さがあります。建物の高さにもよりますが、「タイミングが合ってしまうと、建物が倒壊するのでは」と、心配になります。十勝沖地震のときは、震源地からかなり離れたところにある石油貯蔵庫で、火災が発生しました。これは、ゆっくりとした揺れと貯蔵庫内の石油が動くタイミングが合ってしまい、大きく波を打って、ふたを破損したと考えられています。

２００４年は台風が10個も上陸しました。台風のタイプがさまざまだったことが、被害を大きくした一因かも知れません。ある台風では風が強く、大きな木が倒れたりしましたが、雨はほとんど降らず、塩害で農作物に被害が出ました。その数日後にやってきた台風では、風はほとんど吹かなかったものの、雨がすごかったので、またたくまに広い範囲が浸水してしまいました。

台風のとき、勤務している小学校が避難所になりました。阪神・淡路大震災以来、スムーズに避難活動ができるように各学校で避難所運営マニュアルが作られており、体育館や各教室に避難できる人数、避難者名簿の作成手順などが書いてあります。今回はそれが役に立ちました。

人数が少ないせいもあってか遠慮がちな避難者に、学校側はこう呼びかけました。

「阪神・淡路大震災から数年ぐらいでしたら、もっと避難者が多かったかも知れません。

やはり、震災の記憶が風化してきていることは否定できません。台風の被害が出はじめてからでは手遅れになることもあります。みなさんの判断が正しいのです。どうぞ遠慮せず、台風が完全に通り過ぎるまで、避難していてください」。

新潟県中越地震では、川口町で阪神・淡路大震災以来の震度7が観測されました。地震の規模を示すマグニチュードは6.8で、阪神・淡路大震災の7.3よりは小さかったのですが、余震の規模や回数は震度6強が2回など、はるかに上回っています。同じ直下型地震でさえも、こんなに違いがあるのです。

阪神・淡路大震災を体験したとはいえ、まだまだ知らないことはたくさんあります。しかし、新潟県中越地震のときには、初動体制や避難所の開設において、阪神・淡路大震災の教訓が生かされたという話も聞きました。うれしいことです。

この本が少しでも防災や復興の役に立てればと願っています。

【著者紹介】
村山　茂（むらやま　しげる）
1954 年　兵庫県西宮市生まれ
1973 年　兵庫県立尼崎工業高等学校を卒業し、国鉄（現在の JR）に勤務
1982 年　佛教大学教育学科（通信教育）に入学
1984 年　教員免許を取得
1985 年　国鉄を退職
1986 年　兵庫県宝塚市において小学校教諭となる
1987 年　佛教大学教育学科（通信教育）を卒業
1995 年　阪神・淡路大震災、勤務先の宝塚市立売布小学校が避難所になる
1996 年　避難所の様子を撮影したビデオが NHK で紹介される
2001 年　FM 伊丹の市民スタッフとなり、現在も番組を担当
著書：『クイズ鉄道 100 線の歌』（成山堂書店）

ISBN4-303-63480-8
阪神・淡路大震災から 100 学んだ
—防災・復興に活かす知恵と心がまえ—

2004 年 12 月 20 日　初版発行

2005 年　1 月 17 日　初版 2 刷発行

著　者　村山　茂　　検印省略
発行者　岡田吉弘
発行所　海文堂出版株式会社
本社　東京都文京区水道 2-5-4（〒112-0005）
電話 03（3815）3292　FAX03（3815）3953
http://www.kaibundo.jp/
支社　神戸市中央区元町通 3-5-10（〒650-0022）
電話 078（331）2664
日本書籍出版協会会員・工学書協会会員・自然科学書協会会員

PRINTED IN JAPAN　　印刷　田口整版／製本　小野寺製本